CLV

William MacDonald

Nimm mein Leben

clv

Christliche
Literatur-Verbreitung e.V.
Postfach 11 01 35 · 33661 Bielefeld

Falls nicht anders vermerkt, sind alle Bibelstellen der unrevidierten Elberfelder Bibel entnommen.

1. Auflage 1999

Originaltitel: My Heart, My Life, My All
erschienen bei Gospel Folio Press, Grand Rapids

Übersetzung: Marita Lindner, Gedichte von Hermann Grabe
Umschlag und Satz: CLV
Druck und Bindung: Grafische Großbetriebe Pössneck

ISBN 3-89397-391-5

Inhaltsverzeichnis

Erster Teil

Liebe und Logik der Hingabe

Die Logik von Golgatha

In der ganzen Geschichte des Universums gibt es nichts, was mit dem Geschehen auf Golgatha vergleichbar wäre. In wenige Stunden hineingepresst fand ein Ereignis statt, das »die Ruinen der Zeit wie ein Turm überragt«, wie es jemand ausdrückte.

Wohl kaum ist über ein Ereignis mehr geschrieben, gedichtet und komponiert worden, als über das Geschehen von Golgatha. In einigen der größten Meisterwerke, die die Welt je hervorgebracht hat, ist versucht worden, Golgatha zu beschreiben. Zahllose Predigten behandeln dieses Thema. Weltweit erinnert man sich bei jedem Abendmahl daran. Und jedesmal, wenn wir ein Kreuz sehen, denken wir an den, der an dem bekanntesten aller Kreuze hing. Der Bericht dieser wenigen Stunden wird uns in schlichten, nüchternen Worten überliefert und trotzdem wird die Geschichte niemals verblassen oder langweilig.

Es war der Tag, an dem der Herr Jesus Christus starb. Sein Tod war einzigartig – einzigartig wegen Ihm, dem Sterbenden, wegen der Menschen, für die Er starb und wegen der Absicht, die dahinter stand. Nicht einmal die blühendste Phantasie hätte jemals eine Geschichte erfinden können, die so großartig, so ehrfurchtgebietend, so weitreichend in Zeit und Auswirkung gewesen wäre. Hervorragende Autoren haben unerwartete und erstaunliche Geschichten geschrieben, aber keine ist vergleichbar mit dem Bericht von Golgatha.

Wenn wir versuchen zu verstehen, was beim Tod Christi geschehen ist, werden wir mit gewaltigen Fragen konfrontiert. Beschlüsse müssen gefasst, Entscheidungen getroffen werden. Im Schatten des Kreuzes sind wir gezwungen, uns zu entscheiden, ob es für uns alles oder nichts bedeutet. Hier gibt es keine Neutralität. Die an den Herrn Jesus Christus glauben, wagen es nicht, Lauheit gegenüber Seiner Person und Seinem Werk zu empfinden, damit wir Seine Majestät nicht beleidigen und Ihm für das, was Er getan hat, böse Undankbarkeit erweisen. Mit notwendiger Offenheit sagte Er zu der Gemeinde in Laodicea: »Also, weil du lau bist und weder kalt noch warm, so werde ich dich ausspeien aus meinem Munde« (Offb. 3,16).

Die Menschen, für die Jesus Christus gestorben ist, können Seinen gerechten Anspruch an sie nicht leugnen. Andernfalls würden sie einem heuchlerischen Christentum unterliegen oder für selbstsüchtige Freuden leben. Unsere Errettung fordert unsere völlige Hingabe.

Was, wenn …

Was würde passieren, wenn Gläubige vor dem Kreuz stehen und besser verstehen würden, was dort wirklich geschehen ist? Überwältigt von dem Ausmaß ihrer Errettung würden sie zwangsläufig zu Anbetern werden. Sie würden niemals aufhören, die wunderbare Gnade Jesu zu bestaunen und würden jedem, der es hören will, von Ihm erzählen. Tag und Nacht würden sie ungehemmte Begeisterung zeigen für den Einen, der sie aus der Dunkelheit in Sein wundervolles Licht versetzt hat. Weltliche Wünsche würden verschwinden, weil sie sich rückhaltlos dem Christus und dem

Dienst für Ihn hingeben würden. Die Welt würde evangelisiert werden. Traurig, dass es nicht so ist. Die Gemeinde betrachtet es alles so nüchtern. Der Kreuzestod Jesu Christi auf Golgatha beeindruckt uns nicht so, wie er sollte. Überheblich könnten wir sogar zu dem Schluss kommen, es war nur angemessen, dass der Sohn Gottes für uns starb.

Licht in der Dunkelheit

Ab und zu schießt tatsächlich ein starker Lichtstrahl durch die Dunkelheit. Manchmal steht wirklich ein Gläubiger vor Golgatha und betet:

Stets immer heller scheine,
Was Du am Kreuz vollbracht,
Als Du, der heilig Reine,
Für mich zur Sünd' gemacht. — A. M. Kelly

Das beginnende Verständnis der Bedeutung dessen, was dort geschehen ist, bewirkt eine Veränderung im Menschen. Er wird nicht mehr derselbe sein. Er sagt eigentlich:

Ich sah mein selbstisch' Leben
Im Glanze Deines Lichts:
Wenn wir nicht alles geben,
Ist's weniger als nichts.

Solche Menschen werden sich niemals mehr mit einem seichten Christenleben zufrieden geben. Sie beschließen, sich nie mehr von der Kälte ihrer Umgebung beeinflussen zu lassen. Sie erkennen, dass das Christentum, welches sie täglich vor Augen haben, nicht dem Christentum des Neuen Testaments entspricht. Sie sind von einem neuen Antrieb bestimmt. Sie haben eine Leidenschaft, die den Tagesablauf prägt. Von manchen Leuten könnten sie als Fanatiker bezeichnet werden, aber das lenkt sie keineswegs ab. Wenn sie ihren Verstand verloren haben, so haben sie doch die Gesinnung Christi gefunden. Wenn sie außer sich sind, so ist es für Gott. Sie sind seltsam und tanzen aus der Reihe, weil sie einem anderen Rhythmus folgen. Sie dulden nicht, dass sich etwas zwischen ihre Seele und die völlige Hingabe an den Erretter schiebt.

Vier fesselnde Tatsachen

Was hat diese Menschen so verändert? Vier gewaltige Tatsachen haben das bewirkt. Sie haben erkannt, wer Jesus ist, was Er getan hat, wer sie im Gegensatz dazu sind und welch unvergleichliche Segnungen ihnen von Golgatha zuströmen.

Da wir als nächstes diese lebensverändernden Wahrheiten betrachten wollen, lasst uns beten, dass auch wir diese mehr schätzen lernen und uns Christus mehr hingeben können als bisher. Das kann umwälzende Veränderungen für unser Leben bedeuten. Wir wollen uns ihnen mutig und willig stellen.

Wer Jesus ist

Jetzt wollen wir uns Jesus zuwenden – wer ist Er? Wenn man das vergisst, kommen alle Gedanken über die Bedeutung des Lebens durcheinander. Er ist der Dreh- und Angelpunkt der Geschichte, die Quelle der Zufriedenheit, die Verkörperung der Wahrheit, der Mittelpunkt des Lebens.

Er ist einzigartig

Jesus ist der Sohn Marias durch eine jungfräuliche Geburt, einzigartig von Anfang an. Wir werden geboren, um zu leben; Er kam, um zu sterben. Die Nachricht von einem neugeborenen Kind ruft für gewöhnlich Freude hervor; die Nachricht von Seiner Geburt beunruhigte den Regenten und das Volk. Sein ganzes Leben lang waren die Menschen entweder für Ihn oder gegen Ihn. Es gab keine Neutralität.

Er ist wahrhaftig Mensch

Jesus ist Mensch. Er war hungrig, durstig und müde. Seinen Zeitgenossen erschien Er ganz normal. Seine äußerliche Erscheinung glich der unseren. Etwa mit zwanzig war Er Schreiner in Nazareth. Mit dreißig begann Sein öffentlicher Dienst mit Predigen, Lehren und Heilen. Niemand hatte einen Grund, Sein wahres Menschsein anzuzweifeln.

Er ist der sündlose Mensch

Aber in einem Punkt unterschied sich das Menschsein Jesu von dem unseren; Er war ohne Sünde. Es gab einen Menschen auf dieser Erde, der völlig frei von jeder Befleckung der Sünde war. Niemals ein böser Gedanke, ein falsches Motiv oder eine sündige Tat. Die Versuchung wurde von außen an Ihn herangetragen, sie kam nie aus Seinem Herzen. Er tat immer das, was dem Vater wohlgefällig war – und das schloss die Möglichkeit zur Sünde völlig aus.

Sogar Menschen, die sich nicht Seine Freunde nennen wollten, mussten zugeben, dass Er sündlos war. Pilatus konnte keine Schuld an Ihm finden. Die Frau des Pilatus sprach von Jesus als von einem gerechten Menschen. Herodes suchte vergeblich nach einem Zeugnis gegen Ihn. Der sterbende Räuber beteuerte, dass Jesus nichts Falsches getan hatte. Der Soldat nannte Ihn einen Gerechten. Selbst Judas gab zu, unschuldiges Blut verraten zu haben.

Ja, unser Herr ist einzigartig. Er ist wahrer Mensch. Und Er ist ein Mensch ohne Sünde, aber das ist noch nicht alles. Wenn wir nicht begreifen, dass der Eine, der starb, mehr als das ist, können wir die überragende Bedeutung von Golgatha nicht einmal bruchstückweise verstehen.

Er ist Gott

Ja. Der Eine, der an dem mittleren Kreuz starb, ist der ins Fleisch gekommene Gott. Jesaja stellt Ihn vor als den starken Gott (Jes. 9,6). Gott, der Vater nannte Ihn Gott: »… spricht er … von dem Sohn aber: Dein Thron, o Gott, ist von Ewigkeit zu Ewigkeit« (Hebr. 1,8). Johannes sagte: »Im Anfang war das Wort und das Wort war bei Gott und das Wort war Gott« (Joh.

1,1) und 13 Verse später: »Und das Wort ward Fleisch und wohnte unter uns und wir haben seine Herrlichkeit angeschaut, eine Herrlichkeit als eines Eingeborenen vom Vater, voller Gnade und Wahrheit« – eine Beschreibung, die nur auf den Herrn Jesus passt. Unser Herr betonte nachdrücklich: »… damit alle den Sohn ehren, wie sie den Vater ehren« (Joh. 5,23). Paulus sprach von Christus als dem Einen »der Christus … welcher über allem ist, Gott, gepriesen in Ewigkeit. Amen« (Röm. 9,5). Über 100 weitere Schriftstellen lassen keinen Platz für Einwände: Jesus Christus ist Gott. »Denn in ihm wohnt die ganze Fülle der Gottheit leibhaftig« (Kol. 2,9).

John Wesley verstand das Wunder der Menschwerdung als er schrieb: »Unser Gott hat sich zu einer Handspanne verkleinert, unbegreiflicherweise zu einem geschaffenen Menschen.« Und William Billings, ein Musikliebhaber und von Beruf Gerber, lädt uns ein: »Kommt und seht Euren Gott, liegend auf Stroh.«

Ein anderer Dichter, der in Vergessenheit geraten ist, schrieb: »Siehe, in einer Krippe liegt Er, der den mit Sternen übersäten Himmel ausgebreitet hat.« Ein weiterer unbekannter Dichter fasste das Folgende in Worte:

> Ganz arm liegt das Kindlein bei Schafen und Küh'n;
> Wie kalt tropft der Tau durch die Sparren des Stalls.
> Die Engel anbetend vor Ihm knie'n,
> Dem Schöpfer und Herrscher und Retter des Alls.

Booth-Clibborn, ein englischer Liederdichter, sagte auch, dass es niemand weniger als Gott selbst war, der nach Bethlehem kam:

Immer will ich's neu bedenken,
Dass Du kamst vom Himmelsthron,
Um Dich selber mir zu schenken,
Jesus Christus, Gott und Sohn.

Der junge Jude von Nazareth war der »Alte an Tagen«. Es war Gott, der Sohn, der den Schreinerkittel trug, in der Werkstatt voller Sägemehl und Staub. Es war Gott als Mensch, der die Schürze eines Sklaven umband und Seinen Jüngern die Füße wusch. Es war der Sohn Gottes, der einem Blindgeborenen die Sehnerven erschuf. Niemand außer Gott konnte die stürmischen Wellen auf dem See von Galiläa mit einem Wort beruhigen. Nur Er konnte einen Lazarus auferwecken, als dieser schon vier Tage tot war.

Wir können nicht stark genug betonen, dass der Christus von Golgatha der Eine ist, von dem Sacharja 12,1 sagt: »... der den Himmel ausspannt und die Erde gründet und des Menschen Geist in seinem Innern bildet.«

Wir neigen dazu, Ihn uns so vorzustellen, wie wir selbst sind. So sagt Er zu Seinem eigenen Volk in Psalm 50,21: »... du dachtest, ich sei ganz wie du.«

Worte sind zu ungenügend und mangelhaft, wenn sie versuchen, die Person Jesu Christi zu beschreiben. Das Geheimnis des wahren Gottes und wahren Menschen in einer Person übersteigt unsere Ausdrucksmöglichkeit.

Aber wir dürfen hier nicht stehen bleiben. Ein weiteres Wunder raubt uns den Atem. Wenn wir jetzt betrachten, was Er für uns getan hat, sind wir überwältigt durch Überlastung unserer Empfindungen.

Was Er tat

Wenn schon die Tiefe der Person Christi nicht ergründet werden kann, so sind wir wahrhaft überwältigt bei der Vorstellung, dass Er den Kreuzestod stellvertretend für Sünder erduldet hat. Einer ging für uns in den Tod. Und das war nicht ein Mensch wie wir. Das wäre ernst genug und würde uns zu unaufhörlicher Dankbarkeit verpflichten. Wir müssen uns vergegenwärtigen, dass der Eine, der sich selbst für uns dahingab, die zweite Person der Dreieinigkeit ist. Es ist erstaunlich, dass wir darüber nicht mehr verwundert sind.

Aber sagt die Bibel wirklich, dass der Mensch gewordene Gott für uns starb? Ja, das sagt sie. Paulus sagte zu den Ältesten von Ephesus: »Habet nun Acht auf euch selbst und auf die ganze Herde, in welcher der Heilige Geist euch als Aufseher gesetzt hat, die Versammlung Gottes zu hüten, welche er sich erworben hat durch sein eigenes Blut« (Apg. 20,28).[1] Wer hat die Gemeinde mit Seinem Blut erkauft? Das Beziehungswort zu »er« ist »Gott«. Gott erkaufte, die Gemeinde wurde erkauft und Sein Blut war der Preis. Das Wunder ist, dass das sterbende Lamm Gott in menschlicher Gestalt ist. Der Eine, der am Kreuz hing, ist derjenige, der in der Ewigkeit wohnt, Immanuel – Gott mit uns.

Im ersten Kapitel des Kolosserbriefes verweilt der Geist betont lange bei der Gottheit des Herrn Jesus Christus. Er ist das Bild des unsichtbaren Gottes, der

Erstgeborene aller Schöpfung (V. 15), der Schöpfer aller Dinge (V. 16), er ist vor allem und alles besteht durch ihn (V. 17). Und in diesem Zusammenhang sagt das Wort: »... indem er Frieden gemacht hat durch das Blut seines Kreuzes« (V. 20).

Ein anderer Vers, der lehrt, dass es Gott war, der in einem menschlichen Körper am Kreuz starb, ist Hebräer 1,3: »... er, der Ausstrahlung seiner Herrlichkeit und Abdruck seines Wesens ist und alle Dinge durch das Wort seiner Macht trägt, hat sich zur Rechten der Majestät in der Höhe gesetzt, nachdem er die Reinigung von den Sünden bewirkt hat« (Rev. Elb.). Der Ausdruck »Ausstrahlung seiner Herrlichkeit und Abdruck seines Wesens« bedeutet, dass der Herr Jesus in jeder Beziehung eins mit dem Vater ist. Und Er ist es, der uns von unseren Sünden reinigte, als Er auf Golgatha starb.

Ein anderer bedeutsamer Vers, der die Gottheit Christi bestätigt, ist Philipper 2,6. Der Apostel betont, dass der Herr Jesus in der Gestalt Gottes war, was bedeutet, dass Er vollkommen Gott war. Der Erlöser hielt es nicht für einen Raub, Gott gleich zu sein. Und doch war es der gleiche Gott, der »... in seiner Gestalt wie ein Mensch erfunden, sich selbst erniedrigte, indem er gehorsam ward bis zum Tode, ja, zum Tode am Kreuze« (Phil. 2,8).

Also ist es klar, dass der Mensch, den gesetzlose Hände gefangen nahmen, kreuzigten und in den Tod schickten, Gott der Sohn ist. In verschiedenen Religionen sterben Männer, Frauen und manchmal auch Kinder für ihre Götter; ich habe aber noch nie gehört, dass ein Gott für seine Geschöpfe gestorben ist. Wir werden Golgatha niemals richtig begreifen können, wenn wir uns nicht vor das Kreuz stellen, den Teuersten und Besten anschauen und uns klar machen: das ist der menschgewordene Gott, unser Schöpfer.

Kann Gott sterben?

Diese Behauptung wirft drei Fragen auf. Zunächst einmal ist Gott Geist (Joh. 4,24) und ein Geist hat nicht Fleisch und Blut. Das ist wahr, aber der Sohn Gottes erschien in einem Körper aus Fleisch, Knochen und Blut, umso die Gemeinde erkaufen zu können.

Zweitens ist Gott unsterblich, das bedeutet, dass Er dem Tod nicht unterworfen ist. Wie kann Er dann sterben? Wieder finden wir die Antwort in der Menschwerdung. Gott kleidete Sein göttliches Wesen in einen menschlichen Körper, um für die Menschheit sterben zu können. »Wir sehen aber Jesum, der ein wenig unter die Engel wegen des Leidens des Todes erniedrigt war, mit Herrlichkeit und Ehre gekrönt – sodass er durch Gottes Gnade für alles den Tod schmeckte« (Hebr. 2,9).

Der Herr Jesus ist nicht Gott minus etwas. Er ist Gott plus etwas. Dieses Etwas ist das Menschsein.

Isaac Watts hielt fest, dass der Eine, der für ihn starb, niemand anderer als Christus ist, sein Gott:

Lass, Herr, nicht zu, dass ich vertrau'
Auf eitles Tun und Erdengut!
Nur Gottes Tod sei all mein Ruhm,
Und alles lass' ich für Sein Blut.

Charles Wesley schrieb angesichts dieser Tatsache die folgenden unvergesslichen Zeilen:

Das Leben stirbt – wer kann's versteh'n?
Wer kann begreifen Seinen Rat?
Die stärksten Engel staunend seh'n
Die Tiefe dessen, was Gott tat.

Das Geheimnis hielt Wesley nicht davon ab, mit der ehrfurchtgebietenden Wahrheit fortzufahren:

Wie tief neigst Du, Herr Jesu, Dich,
Dass Du, mein Gott, stirbst für mich!
Wer würde die Welt steuern?

Es erhebt sich eine dritte Frage: Wer hat denn das Universum während der drei Tage und Nächte gesteuert, als Sein Körper im Grabe lag? Die Antwort lautet, dass, als Jesus starb, nur Sein Körper ins Grab gelegt wurde. Sein Geist und Seine Seele stiegen auf zum Paradies (Lk. 23,43), das ist zum Himmel (2. Kor. 12,2.4). Es gab kein Intervall, währenddem Er die Kontrolle verloren hätte. In dem einen Moment war Er auf Erden und trug alle Dinge durch die Macht Seines Wortes. Dann fuhr Er sofort auf ins Paradies, von wo Er ohne Unterbrechung alle Dinge regierte.

Die wunderbare Wahrheit, dass der Allerhöchste sich selbst als Opfer für uns dahingab, ist atemberaubend. Die allerbesten Versuche, dies zu beschreiben, sind kaum mehr als ein Stottern. Die Sprache senkt beschämt das Haupt. Sie martert ihr Hirn, um auszudrücken, dass das Geschehen auf Golgatha nicht Tötung war, ein vollstrecktes Todesurteil von Menschen an einem Menschen. Es war nicht Völkermord und nicht Vernichtung einer Rasse oder einer ethnischen Gruppe. Es war Mord an Gott.

Charles Spurgeon fragt: »Wer hätte gedacht, dass der gerechte Herrscher für den ungerechten Rebellen stirbt? Keine von Menschen erdachte Sage, kein Traum poetischer Vorstellungskraft lehrt so etwas. Diese Art der Sühne ist den Menschen nur bekannt, weil es eine Tatsache ist. Ein menschliches Gehirn hätte das nicht erfinden können. Gott selbst hat es so bestimmt. So etwas wäre niemandem auch nur im Traum eingefallen.«

Ich fürchte, wir haben uns schon so sehr an die Aussagen der Schrift gewöhnt, dass sie ihre Wirkung verlieren. Wir sagen: »Der Sohn Gottes hat mich geliebt und sich für mich hingegeben«, aber weder stockt uns der Atem noch müssen wir weinen. Wir spulen ähnliche Verse ab und sind wenig oder gar nicht bewegt. Wir predigen diese Wahrheit so belanglos als gegebene Tatsache, dass es weder uns noch unsere Zuhörer auf die Knie bringt. Wir sind schuldig des Fluches einer Christenheit mit trockenen Augen, wie es jemand ausdrückte. Wir müssen ständig zurückfinden zu dem Staunen über die Realität, dass es unser Retter-Gott war, der für uns starb.

Das Wunder des Sterbens Dessen, der die entferntesten Galaxien in den Weltraum schleuderte, wird noch gesteigert, wenn wir im Folgenden die Art der Menschen betrachten, für die Er starb. Das ist kein schönes Bild.

Wer wir sind

Das ganze göttliche Programm der Erlösung wird sogar noch unbegreiflicher, wenn wir an die Leute denken, für die der Herr starb, die Er durch Sein eigenes Blut erworben hat (Apg. 20,28). Ich spreche natürlich von uns selbst und der ganzen menschlichen Rasse.

Unbedeutend

In dem Universum des Teleskops von Hubble sind wir mikroskopisch kleine Zwerge. Wir leben auf einem Planeten, der nicht gerade das Größte ist, was Gott geschaffen hat. Tatsächlich ist unsere Erde nicht mehr als ein Pünktchen aus kosmischem Staub, was bedeutet, dass wir mikroskopische Winzlinge auf einem Pünktchen von kosmischem Staub sind. Ein Physiker sagte, dass die Menschen »bloße, sich selbst darstellende Klümpchen von Materie sind, geworfen auf einen winzigen Planeten, der einige Dutzend mal einen unbedeutenden Stern umläuft, ein Sternchen in einer von Billionen Galaxien«.[1] Die Erkenntnis unserer geringen Bedeutung warf bei dem Psalmisten die atemberaubende Frage auf: »Was ist der Mensch, dass du sein gedenkst und des Menschen Sohn, dass du auf ihn Acht hast?« (Ps. 8,5).

Hinfällig

Nicht nur, dass wir Knirpse sind, wir sind vergängliche Sterbliche, aus nichts mehr als aus Staub und Wasser gemacht. Wir können an einem Tag in athletischer

Topform sein und in wenigen Stunden durch irgendeinen winzigen Virus flachliegen. Einmal können wir alle Schwierigkeiten bewältigen, so wie sie auftreten. Aber angesichts von irgendeinem Unfall oder einer Krankheit sind wir innerlich am Boden zerstört.

Sterblich

Wir sind vergänglich. Im Licht der Ewigkeit ist unser Leben auf Erden im Zeitplan kaum registrierbar. Unsere Dichter haben das menschliche Leben verglichen mit einem Hauch, einem schnellen Schiff, dem Sturzflug eines Adlers, einem Schatten, einer Handbreit und einem Schlaf. Das Leben ist wie ein Rauch, Dampf, Gras, wie Blumen oder wie ein Weberschiffchen. Spurgeon gab eine Kurzfassung unseres Lebenslaufs: Gesät, gewachsen, fortgeblasen, verschwunden.

Böse

Noch schlimmer ist die Tatsache, dass wir wirklich keine netten Menschen sind. Das ist vielleicht die Untertreibung unseres Jahrhunderts. Wir sind alle Sünder und die Sünde hat alle Sparten unseres Wesens in Mitleidenschaft gezogen.

Obwohl wir nicht jede Sünde, die in der Bibel genannt ist, begangen haben mögen, wären wir ihrer doch fähig. Wir sind schockiert durch das Benehmen anderer Leute und vergessen dabei, dass wir selbst noch Schlimmeres tun könnten. Was wir sind, ist schlimmer, als alles, was wir getan haben. Unsere Fähigkeit, Böses zu tun, ist ungeheuerlich.

Der Prophet Jeremia erinnert uns: »Arglistig ist das Herz, mehr als alles und verderbt ist es; wer mag es kennen?« (Jer. 17,9). Keiner von uns erahnt das Ausmaß seiner eigenen Verderbtheit.

Unrein

Bildad, einer der sogenannten Tröster Hiobs, schmetterte uns wahrhaft nieder, als er Gottes Sicht darstellte: »Siehe, sogar der Mond scheint nicht hell und die Sterne sind nicht rein in seinen Augen: wie viel weniger der Mensch, der Wurm und das Menschenkind, die Made!« (Hi. 25,5.6). Jesaja war etwas vorsichtiger in seiner Äußerung, dass die Bewohner der Erde für den, der über dem Kreise der Erde thront, wie Heuschrecken sind (Jes. 40,22).

Hasser Gottes

Vor unserer Bekehrung haben wir Gott nicht mit unserem ganzen Herzen, mit unserer ganzen Seele und mit unserem ganzen Verstand geliebt. Wir sagten eher: »Weiche von uns! Und nach der Erkenntnis deiner Wege verlangen wir nicht« (Hi. 21,14). Es war uns oft unbequem, an Gott zu denken. Wir schämten uns, mit anderen über Ihn zu sprechen. Wir können uns an Zeiten erinnern, wo wir glücklich waren, wenn wir Ihn nur vergessen konnten und wir waren bedrückt, wenn wir uns nur an Ihn erinnerten. Kein Gott durfte uns etwas dreinreden. Offengestanden befanden wir uns mit Ihm auf dem Kriegsfuß. Mit den Worten von Major André gesagt:[2]

> Den, der die Welt erschaffen hat,
> Bekämpfte ich in Wort und Tat,
> Verwarf die Gnade fort und fort,
> Zu stolz für einen Bergungsort.

Mörder
Die Verderbtheit des menschlichen Herzens kommt uns nicht eher zu Bewusstsein, bis wir vor dem Kreuz von Golgatha stehen und sehen, wie Menschen den Herrn der Herrlichkeit töten. Der Gedanke ist überwältigend, atemberaubend, unvorstellbar. Gott der Sohn kommt auf die Erde, um Seine Geschöpfe zu retten und sie wenden sich gegen Ihn und töten den Einen, von dem sie in ihrer nackten Existenz abhängig sind.

Das war natürlich nicht das Ende. Er erstand vom Tode und fuhr später auf in den Himmel. Und von dem Zeitpunkt ab hat Er ewiges Leben als freie Gabe all denen angeboten, die ihre Sünden bereuen und Ihn als Herrn und Erlöser annehmen in dem Glauben, dass Er als ihr Stellvertreter starb, um die Strafe für ihre Sünden zu erdulden.

Genau das ist es, was Gnade beinhaltet. Gott hätte dem Menschengeschlecht den Rücken kehren können. Er hätte es in einem nuklearen Holocaust in Nichts auflösen können. Es wäre keiner übrig geblieben, um Ihn wegen Ungerechtigkeit anzuklagen. Stattdessen beschloss Er, den Himmel mit denen zu bevölkern, die Ihm ins Gesicht gespien und Ihn ans Kreuz genagelt haben.

Vergesslich und kaltherzig
Wenn wir ständig im Gedächtnis hätten, dass der Christus von Golgatha der Gott von Ewigkeit her ist, würden wir »aufgehen in Bewunderung, Liebe und Lobpreis«. »Hier können weiche Herzen nur noch weinen, eingetaucht in wunderbare Fluten der Gnade«

(unbekannter Dichter). Wir wären so erfüllt mit Staunen, dass wir es allen, die wir kennen, in endloser Bewunderung würden mitteilen wollen. Wir würden über gar nichts anderes mehr sprechen wollen. Wir würden uns in Anbetung beugen, zum Dienst bereit und zum Zeugnis motiviert. Aber wir denken nicht daran. Wir begehen die schreckliche Sünde, es als selbstverständlich hinzunehmen.

Haben wir nicht das grenzenlose Staunen über all dies verloren? Wir haben die Heilige Schrift so oft und so mechanisch gelesen, dass wir abgestumpft sind. Je älter wir werden, desto schwieriger ist es, das anfängliche Staunen zu bewahren. Zu oft müssen wir uns fragen:

Bin ich ein Stein, hab' ich kein fühlend Herz?
Ich sah den Herrn am Kreuze leidend im Gericht
Und sah das Blut und sah den Schmerz
– und weinte trotzdem nicht!

Christina Rossetti

Allzu oft müssen wir zugeben:

Oft staun' ich selber über mich;
Ich seh' das Lamm, Herr Jesu, Dich
Und weiß um Deiner Leiden Heer
Und bleibe kalt und liebeleer.

Unbekannter Dichter

J. H. Jowett wunderte sich über unsere Unberührtheit. Er schrieb:

»Wir verlassen unseren Platz der Anbetung und kein tiefes und unaussprechliches Staunen liegt auf unserem Gesicht. Wir singen die erbaulichen Lieder und wenn wir dann hinaus auf die Straße gehen, haben wir den gleichen Gesichtsausdruck, wie die Leute, die aus Theatern und Konzerthallen kommen. Nichts lässt vermuten, dass wir etwas Gewaltiges und Überwältigendes geschaut haben … Und welches ist die Erklärung für diesen Verlust? Hauptsächlich unsere verarmte Vorstellung von Gott.«[3]

Wir müssen die unvorstellbare Bedeutung von Golgatha wieder begreifen lernen: Der leidende Erlöser ist der allmächtige, allwissende, allgegenwärtige Herr der Herrlichkeit, Gott, geoffenbart im Fleisch.

Sein Verlust, unser Gewinn

Betrachten wir jetzt die unvergleichlichen Segnungen, die durch Christus auf uns gekommen sind.

Wir sind errettet

Zunächst hat uns der Herr Jesus vor der Hölle, dem Feuersee, gerettet. Das ist ein nicht verlöschendes und ewiges Feuer. In Bezug auf die Bewohner der Hölle sagte Jesus: »... wo ihr Wurm nicht stirbt und das Feuer nicht erlischt« (Mk. 9,44). Mit anderen Worten sind ihre Gewissensqualen und die körperliche Pein unaufhörlich. Hölle bedeutet Trennung von Gott. Es bedeutet für immer eine Existenz in der äußersten Finsternis. Es bedeutet, an einem Ort zu sein, wo es keine Liebe gibt. Wenn der Herr Jesus nicht mehr getan hätte, als die Gläubigen vor diesem Schicksal zu bewahren, wäre das Grund zu endloser Dankbarkeit und Anbetung. Aber Er tat mehr als das.

Wir haben Vergebung

Unsere Sünden sind vergeben – und zwar alle. Da Christus die Strafe bezahlt hat, kann Gott uns vergeben und gerecht sprechen, wenn wir bereuen und Seinen Sohn als Herrn und Erlöser annehmen. Unsere Sünden sind so weit entfernt wie der Osten vom Westen, versenkt im Meer ewigen Vergessens, weggewischt wie eine dicke Wolke, hinter Gottes Rücken geworfen, in die Tiefe des Meeres versenkt und so weiß wie Schnee gemacht. Seine Vergebung ist so umfangreich, dass Er nicht eine einzige Sünde an uns findet, für die Er uns mit ewigem Tod bestrafen müsste. Als Sünder erlangen wir richterliche Vergebung der Sünden, wenn wir an Christus glauben. Als Gläubige bekommen wir väterliche Vergebung, wenn wir unsere Sünden bekennen.

Wir bekommen ewiges Leben

Gott schenkt uns ewiges Leben. Das ist mehr als unbegrenzte Existenz. Es bedeutet, dass wir das Leben Christi empfangen, eine neue Lebensqualität. Wir werden Teilhaber Seiner göttlichen Natur: »... durch welche er uns die größten und kostbaren Verheißungen geschenkt hat, auf dass ihr durch diese Teilhaber der göttlichen Natur werdet, indem ihr dem Verderben entflohen seid, das in der Welt ist durch die Lust« (2. Petr. 1,4). Alle Dinge werden neu – ein neuer Hass gegen die Sünde; eine neue Liebe zur Heiligung; eine neue Liebe Mitgläubigen gegenüber; eine neue Liebe für die Verlorenen dieser Welt; eine neue Befreiung von der Herrschaft der Sünde; ein neues Leben in Gerechtigkeit; ein neues Verlangen, Christus zu bezeugen.

Wir sind angenommen

Als wir noch in unseren Sünden waren, hatten wir kein Recht, in Gottes Gegenwart einzutreten. Wir waren unrein, unheilig und unwert. Aber von dem Augenblick unserer Wiedergeburt sieht Gott uns in Christus und nimmt uns auf dieser Grundlage an.

So sagt es C. D. Martin in seinem Lied »Accepted in the Beloved«:

Gott sieht den Retter, dann sieht Er auf mich.
»In dem Geliebten« geborgen bin ich.

In Bezug auf unsere Stellung vor Gott sind wir in Christus gekleidet, umgeben mit der Liebe des Gottessohnes. Ein Bettler kann nicht in seiner eigenen Würde (wahrscheinlich hat er keine) in die Gegenwart eines Herrschers treten. Aber der königliche Prinz kann ihn zum Hof bringen und ihn dem Monarchen vorstellen. In diesem Fall wird er angenommen Kraft desjenigen, in dessen Namen er kommt. Der Herr Jesus ist unser königlicher Prinz, der den Weg zum Vater für uns geöffnet hat.

Wir sind vollkommen

In uns selbst sind wir nicht passend für den Himmel, weder vor noch nach der Bekehrung. Der Standard ist eine Vollkommenheit, die wir nicht erreichen können. Weder durch gute Werke noch durch ein tugendhaftes Leben können wir uns als Himmelsbürger qualifizieren. Aber das Wunderbare ist, dass Gott uns mit Seinem Sohn verbindet, wenn wir Christus annehmen. Wie wir gesehen haben, versetzt Er uns in Christus, der Herr Jesus macht uns tauglich für die Gegenwart Gottes. Wir sind »in Ihm vollendet« (Kol. 2,10). Wenn wir Ihn haben, brauchen wir nichts anderes mehr, das uns würdig macht. Was Er getan hat, zählt, nicht was wir tun müssen. Es ist Sein Verdienst, nicht der unsere. Weil der Vater uns in Ihm sieht, sind wir berechtigte Miterben: »danksagend dem Vater, der uns fähig gemacht hat zu dem Anteil am Erbe der Heiligen in dem Lichte« (Kol. 1,12). Wir sind so passend für den

Himmel, dass Gott Selbst uns nicht passender machen kann, weil Christus unsere Würde ist, und Er kann nicht übertroffen werden.

Wir sind Kinder Gottes

Im Augenblick unserer Bekehrung werden wir in die Familie Gottes hineingeboren. Von nun an ist Er unser Vater und wir sind Seine Kinder in einem Verwandtschaftsverhältnis, das nicht zerbrochen werden kann. Kein Engel hat dieses Vorrecht. Es ist für Sünder reserviert, die durch die Gnade errettet wurden. Ob wir das sternenübersäte Universum durch ein Teleskop betrachten oder eine lebende Zelle durch ein Mikroskop, wir können sagen: »Mein Vater hat das alles gemacht.« Weltmenschen mögen sich ihrer Abstammung oder ihrer Beziehungen zu Berühmtheiten und Reichen rühmen. Aber alle diese Ehren sind gering im Vergleich damit, Gott persönlich als Vater zu haben.

Wir sind Erben und Miterben

Weil wir Seine Kinder sind, sind wir Erben Gottes und Miterben Jesu Christi. Das bedeutet – halt Dich fest – dass Gottes ganzer Reichtum uns gehört. Der Apostel Paulus sagte: »Alles ist euer … ihr aber seid Christi, Christus aber ist Gottes« (1. Kor. 3,21-23). Wir sind zunächst versucht, an materiellen Wohlstand zu denken, aber das ist wahrscheinlich das Wenigste. Paulus erklärt, was dieses »alles« einschließt: Gottes Knechte (man braucht sich nicht einen auswählen auf Kosten des anderen), Welt, Leben, Tod, gegenwärtige oder zukünftige Dinge. Man kann mit Sicherheit sagen, dass unser Verstand unfähig ist, alles zu erfassen, was es bedeutet

Erben Gottes zu sein. Aber eines Tages werden wir in den vollen Genuss von allem kommen. Vorläufig können wir in dem Bewusstsein schwelgen, dass wir, die durch Gnade erretteten Sünder, jetzt Erben des göttlichen Schatzes sind. Kein Aschenputtelmärchen kommt dem gleich, keine Story eines Tellerwäschers, der es zum Millionär brachte. Es reicht, um Sicherungen in unserem Gehirn durchzubrennen.

Er wohnt in uns

Der Heilige Geist wohnt für immer in jedem Gläubigen. Stell Dir mal vor: Die dritte Person der Dreieinigkeit wohnt wirklich in unserem armseligen Körper. Er ist unser Siegel, das uns für alle Ewigkeit als Gottes Eigentum kennzeichnet. Er ist ein Angeld und garantiert uns, dass wir alles bekommen werden, was der Erlöser uns auf Golgatha erkauft hat, einschließlich dem Herrlichkeitsleib. Durch die Salbung befähigt Er uns, Wahrheit und Irrtum zu unterscheiden. Er ist nahe bei uns und hilft uns in Zeiten der Not. Er leitet uns, betet für uns und bringt die Frucht der Heiligung in unserem Leben hervor. Wir könnten genauso fragen: »Welchen guten und nützlichen Dienst tut Er nicht für uns?«

Wir sind Seine Braut

Die Gemeinde, bestehend aus allen Gläubigen, ist die Braut Christi. Das spricht von der besonderen Liebe, die Er für uns hat. »Ihr Männer, liebet eure Frauen, gleichwie auch der Christus die Versammlung geliebt und sich selbst für sie hingegeben hat, auf dass er sie heiligte, sie reinigend durch das Wasserbad im Wort, auf dass er die Versammlung sich selbst verherrlicht darstellte, die nicht Flecken oder Runzel oder etwas dergleichen habe, sondern dass sie heilig und tadellos sei« (Eph. 5,25-27). Zu Seiner Braut gehören zu dürfen, ist eine größere Ehre, als jede Mitgliedschaft in einer Prestigeorganisation, Bruderschaft oder sonstigen Vereinigung in der Welt. Die Gemeinde bedeutet Gott mehr als alle Nationen der Welt. Sie sind »geachtet wie ein Tropfen am Eimer und wie ein Sandkorn auf der Waagschale« (Jes. 40,15). Die Versammlung ist die Braut Christi. Es ist die allerbeste Gemeinschaft auf Erden.

Wir können beten

Im Gebet haben wir ständig Zutritt zum Herrscher des Universums. Kein Termin ist notwendig. Durch den Glauben haben wir Eintritt in das Heiligtum mit Anbetung, Lobpreis und Danksagung, Flehen und Fürbitten. Wir wissen, dass Er jedes Gebet so beantwortet, wie wir es tun würden, wenn wir Seine Weisheit, Liebe und Macht hätten. Dieses Vorrecht des Gebets wurde uns durch das Blut Jesu erkauft (Hebr. 10,19) und ist von unschätzbarem Wert.

Wir werden ewige Herrlichkeit haben

Wir sind zu ewiger Herrlichkeit mit dem Herrn im Himmel bestimmt. Der Erlöser war nicht zufrieden damit, uns vor der Hölle zu bewahren oder uns verlängertes Leben auf dem Planet Erde zu geben. Nein, Er wird erst dann zufrieden sein, wenn wir Herrlichkeitsleiber haben werden so wie Sein eigener Auferstehungsleib und bei Ihm im Himmel sind.

Ist's wahr, ich werde sein wie Er?
Ist das die Gnad' für mich vom Kreuze her?
Vater, Gedanke, den kein Mensch gedacht,
Die mich in Herrlichkeit Ihm gleichgemacht!

J.N. Darby

Nachdem wir dies alles gesagt haben, haben wir nicht einmal die Oberfläche der Segnungen angeritzt, die uns vom Kreuz zufließen. Paulus fasst die Segnungen zusammen, indem er sagt: »Gepriesen sei der Gott und Vater unseres Herrn Jesus Christus, der uns gesegnet hat mit jeder geistlichen Segnung in den himmlischen Örtern in Christo« (Eph. 5,3). Wir sind die reichsten Menschen der Welt und das alles wegen Golgatha. Sein Verlust ist wahrhaftig unser Gewinn.

Wir müssen darauf antworten

Es gibt nur eine Schlussfolgerung. Wie wir gesagt haben, muss entweder alles oder nichts für Christus sein. Wir können unser Leben nicht länger mit oberflächlichem Treiben verplempern. Wir können nicht mehr zufrieden sein mit dem Zustand, den J.H. Jowett »niedrige Beamte mit vergänglichen Beschäftigungen« nannte. Wir müssen uns dafür entscheiden, dass von jetzt an eine Liebe, die so wunderbar und göttlich ist, »unser Herz, unser Leben, einfach alles« haben soll. Wir müssen uns Ihm vollständig ausliefern.

Zweiter Teil

Hingabe in der Schrift

Was ist Hingabe?

Die Logik unserer Errettung fährt in eine Einbahnstraße, die in vollständiger Hingabe endet.[1] Nun ja. Heißt dies, dass es meine Pflicht ist, regelmäßig in den Gottesdienst zu gehen, Geld in die Kollekte zu geben, ab und zu in der Bibel zu lesen und zu beten? Ist das alles? Kaum.

Hingabe ist eine eindeutige, wohlüberlegte Handlung, bei der ein Mensch sein Leben dem Herrn übergibt, sodass Er nach Seinem Willen darüber verfügen kann. Unser eigener Wille wird mit dem Seinen vertauscht. Wir geben unsere Rechte auf und erkennen Sein Thronrecht an. Es bedeutet, alles für den Einen aufzugeben, der alles für uns aufgegeben hat.

In jedem Leben gibt es einen Thron. Der natürliche Inhaber dieses Throns ist das Ich. Hingabe findet dann statt, wenn das Ich entthronisiert und der Herr Jesus gekrönter König wird. Dann können wir aus vollem Herzen sagen:

Nun nimm mich Dir zu eigen hin,
Gehör' ich Dir doch schon;
Regiere völlig Herz und Sinn,
Sitz' Du, Herr, auf dem Thron!

Unbekannter Dichter

Es ist möglich, dass ich mein Leben Jesus zur Errettung übergebe, aber dass ich es Ihm nicht völlig für den Dienst übergebe. Beides sollte bei der Bekehrung stattfinden, wie es bei Saulus von Tarsus war, aber leider liegen die Dinge im Leben nicht immer so, wie sie sollten.

Hingabe ist Selbstverleugnung, das Kreuz aufnehmen und Ihm nachfolgen. Es bedeutet, das Leben um Seinetwillen und für das Evangelium zu verlieren. Es bedeutet, Seele und Leib Gott zu unterwerfen und die Hand an den Pflug zu legen. Wenn Du Dir über alles wünschst, Seinen Willen zu tun, Ihm Dein Herz hinzugeben und Ihn mit ganzer Seele zu lieben, dann bist Du ein Christ, der sich Ihm hingegeben hat.

Bedingungslose Unterwerfung

Die völlige Übergabe an Jesus stellt keine Bedingungen. Gewisse Worte oder Phrasen gehören nicht in ihr Vokabular wie »nicht so, Herr«, »Ich will Dir nachfolgen, aber lass mich zuerst …« und »nicht jetzt, sondern später«. Übergabe meint Gehorsam Ihm gegenüber in Gesundheit oder Krankheit, in Armut oder Überfluss, zu Hause oder in der Fremde, alleinstehend oder verheiratet, bekannt oder unbekannt, in einem kurzen oder langen Leben.

Scheint dies eine schwere Last zu sein? Im Gegenteil, Christus sagte, dass Seine Last leicht und Sein Joch sanft ist. Wirklich schwer ist nur, den eigenen Kurs zu halten und einen eigenen Weg zu gehen.

Die Hingabe Christi

So wie unser Herr Anfänger und Vollender des Glaubens ist, ist Er auch Erfinder und das allerbestes Beispiel für Hingabe. Um die Bedeutung dieses Begriffs zu erkennen, studieren wir das Leben des Gottessohnes.

Als der Vater auf unsere Verlorenheit und hoffnungslose Not heruntersah, rief Er nach einem Freiwilligen: »Wen soll Ich senden und wer wird für Mich gehen?« Der Einzige, der geeignet war, war auch bereit. »Hier bin ich, sende mich«, sagte der Sohn. Er wollte den Willen Gottes tun und Er wusste genau, was das bedeutete. Es hieß für den Schöpfer, in einem Stall geboren zu werden. Es gab keine keimfreie Entbindungsstation und auch keine saubere Wiege für Ihn. Nein! Ein nach Vieh riechender Stall und das Stroh einer Futterkrippe als Matratze mussten herhalten.

Auch in den späteren Jahren kannte unser Herr nicht die Bequemlichkeiten, die wir als unser unbedingtes Recht ansehen. Er hatte nie fließendes Kalt- und Warmwasser, ein Badezimmer oder eine Federkernmatratze. Er hatte nicht einmal das, was selbst Füchse und Vögel haben: einen eigenen Ruheplatz. Während Seine Jünger sich in ihre Häuser verteilten, schlief Jesus unter freiem Himmel auf dem Ölberg. So schrieb E. S. Elliott: »Dein Bett war der Erdboden, o Du Sohn Gottes.«

Der Erlöser wusste, der Wille Gottes war Sein Kommen in eine Welt der Sünde. Sein Kommen bedeutete Leiden für Seine sündlose Seele, die wir nicht ermessen können. Sünde stieß Ihn ab und empörte Ihn. Uns bereitet es Schmerzen, der Versuchung zu widerstehen; für den Sündlosen war es tiefste Qual, auch nur damit in Berührung zu kommen.

Nur leichte Verletzungen?

Der Erlöser wusste, dass Gehorsam gegenüber dem Willen Gottes Verachtung und Ablehnung zur Folge haben würde. Er würde Sein Leben ausschütten und die Menschen mit Segnungen überschwemmen. Er würde die Blinden sehend, die Tauben hörend machen und die Besessenen befreien. Die Stummen würden sprechen, die Lahmen gehen und Tote würden auferweckt werden. Und doch würde Er Undankbarkeit, Schimpf und Schande ernten.

> Was hat denn mein Herr dieser Welt getan?
> Was ließ sie so rasen und toben?
> Er heilte, was blind, was nicht gehen kann,
> Wies Niedergedrückte nach oben.
> Doch Seine Lieb' ohn' Unterlass
> Erregte nichts als den finst'ren Hass
> Und Güte war gerade das,
> Weshalb sie schrien: Barabbas!

Samuel Crossman

Jesus kannte die Einsamkeit und Kummer war Ihm nicht fremd. Er verdiente den Namen »Mann der Schmerzen«. Er würde beleidigt und Bastard genannt werden, man würde sagen, Er hätte einen Dämon und wäre in der Kraft Satans wundertätig – und das alles widerfuhr Ihm von Seinen eigenen Geschöpfen. Aber dachte Er daran, aufzugeben? Niemals.

Sehr einsam ging Er Seinen Weg,
Kein Mensch Ihn ganz verstand,
Nur Gott den Schmerz gesehen hat,
Den ständig Er empfand.
Doch hielt Er aus, ging nicht zurück
Und fand auch mich! Welch hohes Glück!

Unbekannter Dichter

Als der Sohn sagte: »Hier bin ich; sende mich«, lag die Zukunft wie ein aufgeschlagenes Buch vor Ihm. Aber Er war dem Willen des Vaters so ergeben, dass Er mit Entschiedenheit Seinen Weg ging.

Immer wieder sprach Er während Seines Dienstes auf Erden von Seinem Wunsch, den Willen Seines Gottes und Vaters zu tun.

Er berief Sich auf das Zeugnis der Schrift, dass der Zweck Seines Kommens in die Welt war, den Willen Seines Vaters zu tun (Hebr. 10,7).

Als Er den Tempel reinigte, erinnerten sich Seine Jünger an Psalm 69,9: »Denn der Eifer um dein Haus hat mich verzehrt und die Schmähungen derer, die dich schmähen, sind auf mich gefallen.« Hingabe an die Interessen des Vaters verzehrte den Erlöser.

Als Er zwölfjährig von Seinen Eltern getadelt wurde, weil Er sich von der Menschenmenge, die nach Nazareth zurückpilgerte, entfernt hatte, sprach Er zu ihnen: »Wusstet ihr nicht, dass ich in dem sein muss, was meines Vaters ist?« (Lk. 2,49).

Als die Jünger besorgt waren, weil Er noch nichts gegessen hatte, sagte Er: »Meine Speise ist, dass ich den Willen dessen tue, der mich gesandt hat und sein Werk vollbringe« (Joh. 4,34).

Er sagte: »Wahrlich, wahrlich, ich sage euch: Der Sohn kann nichts von sich selbst tun, außer was er den Vater tun sieht; denn was irgend er tut, das tut auch der Sohn gleicherweise« (Joh. 5,19). Damit bestritt Er jede Eigenwilligkeit oder eigene Initiative. Er tat alles im Gehorsam dem Vater gegenüber (Joh. 7,16; 12,50; 14,10.31).

Zu denen, die Ihn zu töten suchten, weil Er am Sabbat geheilt hatte, sagte Er: »... ich suche nicht meinen Willen, sondern den Willen dessen, der mich gesandt hat« (Joh. 5,30b). Niemals wieder ist jemand so absolut auf den Brennpunkt eingestellt gewesen.

Eines Tages sagte Er zu der Menge: »... denn ich bin vom Himmel herabgekommen, nicht auf dass ich meinen Willen tue, sondern den Willen dessen, der mich gesandt hat« (Joh. 6,38).

Unter ähnlichen Umständen sagte Er zu Seinen zukünftigen Mördern: »Und der mich gesandt hat, ist mit mir; er hat mich nicht allein gelassen, weil ich allezeit das ihm Wohlgefällige tue« (Joh. 8,29b). Er war nicht nur gelegentlich gehorsam, nein, Gehorsam war Sein Lebensinhalt.

Der Schatten des Kreuzes lag immer vor Ihm, aber Er stand dem ruhig gegenüber – und sogar mit Eifer. »Ich habe aber eine Taufe, womit ich getauft werden muss und wie bin ich beengt, bis sie vollbracht ist!« (Lk. 12,50).

Da gab es kein Zurückschrecken. Bei der letzten schicksalhaften Reise nach Jerusalem »zog er voran« (Lk. 19,28). Es scheint, dass die Jünger hinterherhinkten, die widerstrebenden Füße nach sich ziehend.

Der Wille Gottes schloß Gethsemane mit ein, wo

Er betete: »Mein Vater, wenn es möglich ist, so gehe dieser Kelch an mir vorüber; doch nicht wie ich will, sondern wie du willst« (Mt. 26,39). Er schrie nicht so qualvoll, um dem Tod zu entfliehen. Eher war es ein göttlicher Hinweis, dass es keine andere Möglichkeit zu unserer Rettung gab. Die rhetorische Frage, ob es einen anderen Weg gäbe, wurde im Schweigen des Himmels beantwortet. Es gab keinen anderen Weg.

Verleugnet, betrogen und verlassen

Jesus wurde von einem Freund betrogen, von einem schwachen Jünger verleugnet und von einem satanisch beeinflussten Mann geküsst, verlassen von denen, die Ihm am nächsten standen. Er wurde falschen Anschuldigungen zufolge gefangen genommen und in einem Schauprozess verurteilt. Der Richterspruch lautete »nicht schuldig« und doch wurde Er zum Tod verurteilt. Er hätte zwölf Legionen Engel herbeirufen können, aber Er zog es vor, zu sterben – für Dich und für mich. Der Wille Gottes bedeutete Ihm mehr als Sein Leben.

Er hatte Macht, vom Kreuz herabzusteigen, aber Er hatte auch die Macht, nicht herabzusteigen. Er wollte nicht verschont werden. Wegen dieser Stunde war Er in die Welt gekommen (Joh. 12,27). Nicht die Nägel hefteten Ihn ans Kreuz, sondern Seine Ergebenheit dem Willen Gottes gegenüber.

Stellvertreter für Sünde

Am Entsetzlichsten waren die drei Stunden der Finsternis, in denen Gott Seinen Sohn verließ, in denen der Herr Jesus den ungebrochenen Zorn Gottes ertragen hat, um die Strafe für unsere Sünden zu bezahlen. Unser begrenzter Verstand wird niemals verstehen können, was das für den Heiligen bedeutete. Aber Er war gewillt, alles im Gehorsam Gott gegenüber und aus Liebe zu uns zu ertragen.

Ja, Er wusste, dass Er vom Tode auferstehen, in den Himmel auffahren und mit dem Namen geehrt würde, der über jedem Namen ist. Er wusste, dass einmal jedes Knie sich beugen und jede Zunge bekennen würde, dass Jesus Christus der Herr ist (Phil. 2,10-11). Aber vor der Krone kam das Kreuz, vor der Herrlichkeit das Leiden. Der Herr Jesus war dem Willen Gottes vollkommen ergeben, was es auch kosten möge.

Unser Herr war Gott ergeben und Er hat uns ein Beispiel gegeben, wie wir Seinem Vorbild nacheifern sollten. Wann immer wir versucht sind, zu klagen oder zurückzuschrecken, sollten wir Ihn anrufen, unserem schwachen Bemühen aufzuhelfen.

Herr, scheint Dein Dienst mir manchmal schwer,
Als sei er Mühe ohne Ende,
Und klag' ich gar: ich kann nicht mehr,
Dann zeig' mir Deine Hände
Durchbohrt und zerrissen für Sünder wie mich,
Herr, zeige mir dann Deine Hände!
Herr, wenn ich komm' ins finst're Tal
Und mein', dass ich verzagen müsse,
Weil nichts als Dornen überall,
Dann zeig' mir Deine Füße
Ans Kreuz genagelt und blutend für mich;
Herr, zeig' mir Deine Füße!

Unbekannter Dichter

Ein frühzeitiger Ruf

Nirgendwo in der Bibel ist der Ruf zu völliger Hingabe klarer und zwingender als in 5. Mose 6,5:

> »Und du sollst den HERRN, deinen Gott, lieben mit deinem ganzen Herzen und mit deiner ganzen Seele und mit deiner ganzen Kraft.«

Damit nicht jemand einwendet, dies gehört zum Zeitalter des Gesetzes und gilt für uns heute nicht, wird es vom Heiligen Geist dreimal im Neuen Testament wiederholt mit dem Zusatz »und mit deinem ganzen Verstand« (Mt. 22,37; Mk. 12,30; Lk. 10,27). In den Evangelien jedoch ist dieser Aufruf nicht als Gesetz gegeben, das mit Strafe verknüpft ist, aber es ist eine Anweisung zum Leben in Gerechtigkeit für solche, die durch Gnade errettet sind.

Jesus sagte, dass das erste und größte Gebot ist, Gott zu lieben. Dann fügte Er hinzu, dass an diesen zwei Geboten (Gott und den Nächsten zu lieben) das ganze Gesetz hängt und die Propheten. Das bedeutet, dass sie das gesamte Alte Testament zusammenfassen. Weil diese zwei Gebote das ganze hebräische System der Opferungen überragen, müssen sie für uns mehr als nur eine vorübergehende Bedeutung haben.

Dieses Gebot gibt uns den Standard an und zeigt uns, wie weit wir davon entfernt sind. Es ist auch ein Ruf zur Hingabe. Auch wenn wir ihn nicht in Perfektion befolgen können, sollten wir uns auf dieses Ziel hin bewegen. Wir werden es, solange wir auf dieser

Erde sind, nicht erreichen, aber es sollte immer ein Entwicklungsprozess bleiben.

»Du sollst den Herrn, Deinen Gott, lieben …« Er ist unser Herr, unser Lehrer. Er ist unser Gott, unser Schöpfer, Erhalter, Erretter und Bewahrer. Er verdient unsere Liebe und wenn Er diese hat, so hat Er auch unseren Gehorsam.

Mit der Kraft unserer Liebe

»… mit deinem ganzen Herzen …« Unser Gott muss den ersten Platz in unserem Herzen haben. Jede andere Liebe muss zweitrangig sein. Lies in diesem und den folgenden Ausdrücken nicht über das Wort »ganz« hinweg. Hier bedeutet es, den Herrn am meisten zu lieben.

Wie wird das sein, wenn wir Ihn lieben? Wir bekommen Aufschluss darüber, wenn wir die herzliche Verbindung zwischen dem Mädchen Sulamith und ihrem Geliebten im Hohelied Salomos betrachten.

- Sie war nie glücklicher, als wenn sie in seiner Gegenwart weilte.
- Seine Abwesenheit schmerzte sie. Sie sehnte sich nach ihm.
- Sie sprach mit großer Freude von ihm. Ihre Zunge war »wie der Griffel eines geübten Schreibers«.
- Sie sprach gern mit ihm. Manchmal sprach sie laut zu ihm, auch wenn er nicht da war.
- Sie freute sich immer, seine Stimme zu hören.
- Sie träumte von ihm und genoß jeden Gedanken an ihn.
- Sie teilte ihre Liebe nicht unter mehrere Mitbewerber.

– Ihre ganze Liebe richtete sich auf ihn.
So sollte es zwischen uns und dem Herrn sein.

Mit der Kraft unserer Gefühle
»... mit deiner ganzen Seele ...« Da die Seele der Sitz der Gefühle ist, können wir das berechtigterweise so verstehen, dass wir Gott mit der ganzen Kraft unserer Gefühle lieben sollen. Wir sollen von Ihm begeistert sein, voller Freude, wenn Er verherrlicht wird und zornig über alles, was Ihn entehrt. In unsere Gedanken an Ihn mischen sich Freude und Traurigkeit – Freude, weil Seine Leiden der Vergangenheit angehören und Kummer, weil unsere Sünden sie verursacht haben.

Mit der Kraft unseres Verstandes
»... mit deinem ganzen Verstand ...« Diese Wendung ruft uns auf, das Beste unserer Verstandeskraft Gott zu geben. Wir sollten Ihm unseren Verstand, so wie er ist, anbetend zu Füßen legen und Ihn bitten, ihn zu Seiner Ehre zu gebrauchen. Eine Möglichkeit, dies zu tun ist, unseren Verstand mit der Heiligen Schrift zu sättigen, damit wir zuerst selbst dem Wort gehorsam sind und es dann anderen weitergeben können. Wir alle haben zu wählen: Geben wir unser Bestes dem Herrn oder der Welt? Es ist besser, ein Mensch des Wortes zu sein als ein Mensch der Welt.

Mit der Kraft unseres Körpers
»... mit all deiner Kraft ...« Wir sollten Gott mit all unserer körperlichen Kraft lieben. Wir tun gut daran, uns an Psalm 147,10-11 zu erinnern: »Er hat nicht Lust an der Stärke des Rosses, noch Gefallen an den Bei-

nen des Mannes; Jahwe hat Gefallen an denen, die ihn fürchten, an denen, die auf seine Güte harren.«

Tüchtigkeit in geistlichen Dingen zählt mehr als athletischer Ruhm. Ein ehemaliger Athlet sagte: »Die größte Genugtuung meines Lebens war, als ich zum ersten Mal in einem großen Spiel das entscheidende Tor schoß und das Toben der begeisterten Menge hörte. Aber abends, in die Stille meines Zimmers zurückgekehrt, überflutete mich eine Welle der Sinnlosigkeit. Was war es letztlich wert? Gab es keinen besseren Lebensinhalt, als Tore zu schießen?«

Diejenigen, die für die Ehrungen der Welt leben, verkaufen ihr Erstgeburtsrecht für ein Linsengericht. Stell Dir vor, man gibt sein Bestes für einen Orden, eine Medaille, einen goldenen Pokal. Ein Mann, der für diese Dinge gelebt hatte, sagte: »Der Traum von der Wirklichkeit war besser als die Verwirklichung des Traumes.«

Junge Menschen, die dem ersten und großen Gebot gehorchen wollen, können ihren Vorsatz nicht besser als in die Worte von Thomas H. Gill fassen:

Herr, in der Fülle meiner Kraft
Gehört Dir meine Zeit.
Und alles, was mir Freude schafft,
Sei Dir im Lied geweiht.

Nicht häng' mein Herz an dieser Welt,
Wenn fromm die Worte geh'n!
Nicht erst, wenn meine Kraft verfällt
Will ich zu Diensten steh'n.

Lass doch nicht pausenlos mich müh'n
Um Torheit dieser Welt,

Und nur ganz matt zum Himmel zieh'n,
Weil das so schwer mir fällt.

Dass ich nur dien' mit letzter Kraft
Und mürrischem Gesicht,
Und alles ohne Lebenssaft, –
Nur Asche und kein Licht!

Erwähl' mich in der gold'nen Zeit,
Sei meiner Freuden Schein!
Lass Deiner Ehr' in Ewigkeit
Mein ganzes Herz sich weih'n.

Das Gebot, Gott mit ganzem Herzen, ganzer Seele und ganzer Kraft zu lieben, findet seinen Widerhall im letzten Buch der Bibel, wo die Bewohner des Himmels mit lauter Stimme sprechen: »Würdig ist das Lamm, das geschlachtet worden ist, zu empfangen die Macht und Reichtum und Weisheit und Stärke und Ehre und Herrlichkeit und Segnung« (Offb. 5,12). Ja, der Erlöser hat bereits alle Macht und Reichtum und Weisheit und Stärke und Ehre und Herrlichkeit und Segnung. Aber der Gedanke hier ist, dass es Ihm gebührt, all diese Dinge auch von mir und von Dir zu empfangen. Sicherlich umfasst das unsere Verstandeskraft (Weisheit), unsere Körperkraft (Stärke) und unsere seelische Kraft (Ehre, Herrlichkeit und Segnung).

Keine Frage, Er ist unserer besten Kräfte wert. Die einzige Frage ist: »Wird Er sie bekommen?«

Abraham

Im Alten Testament finden sich sehr viele Beispiele von Hingabe. Auf der Bühne der Geschichte erscheinen hingebungsvolle Männer und Frauen, die uns in ihrer standhaften Aufopferung Bewunderung abverlangen. Eine Person, an der wir hervorragende Selbstverleugnung erkennen, ist Abraham. In seiner Bereitschaft, Isaak zu opfern, ist sein Gehorsam dem Willen Gottes gegenüber ein leuchtendes Beispiel.

Es begann in Beerscheba, ungefähr 80 km südwestlich von Jerusalem. Dort lebte Abraham mit seiner Familie. Die Ortschaft lag an einer Handelsstraße, die Ägypten mit Hebron, Bethlehem und anderen nördlichen Städten verband.

Der Tag hatte wie die meisten anderen Tage begonnen. Es gab kein Anzeichen dafür, dass etwas von größerer Tragweite passieren würde, dass Geschichte gemacht werden würde, dass die Routine des Lebens unterbrochen werden würde. Dann hörte Abraham jemanden seinen Namen rufen.

»Abraham.«

»Hier bin ich«, antwortete er.

Ein herzzerreißender Befehl

Es kam ein außergewöhnliches Gebot. »Nimm deinen Sohn, deinen einzigen, den du lieb hast, den Isaak und ziehe hin in das Land Morija und opfere ihn dort als Brandopfer auf einem Berge, den ich dir nennen werde!« (1. Mo. 22,2).

Es war klar, wer da sprach. Es war der Herr. Und was Er sagte, war unmissverständlich. Es ging um den einzigen Sohn des Patriarchen, seinen einzigartigen Sohn, den Sohn einer wunderbaren Empfängnis. Abraham war hundert Jahre alt, als Isaak geboren wurde und Sara war einundneunzig. Dies war der Sohn, durch den Gott eine zahllose Nachkommenschaft und Segen für alle Nationen versprochen hatte.

Isaak war vielleicht fünfundzwanzig Jahre alt und noch nicht verheiratet. Und doch befahl Gott dem Vater Abraham, ihn als ein Brandopfer zu opfern. Jahwe bestimmte sogar den Ort, einen der Berge der Hügelkette von Morija.

Die Botschaft war erschreckend. Niemals zuvor hatte der Herr Menschenopfer gebilligt und doch befahl Er es jetzt. Es war, als ob Jahwe ein Messer durch vier aufeinanderfolgende Schichten von Abrahams Herz stieß. Er sagte nicht nur »dein Sohn«, sondern »deinen einzigen Sohn«. Nicht genug damit, Gott nannte den Namen des Sohnes »Isaak« und dann der letzte schmerzliche Stich, »den du lieb hast«. »Dein Sohn – dein einziger Sohn – Isaak – den du lieb hast.«

Gehorsam ohne Wenn und Aber

Hier war keine Zeit für Fragen. Keine Zeit für Argumente. Keine Zeit, um Aufschub zu erbitten. Abraham hatte seinen Befehl erhalten und er war bereit zu gehorchen. Um gut vorbereitet zu sein, ging er sicherlich früh schlafen. (Wie könnte je ein Vater unter diesen Umständen schlafen?)

Im Morgengrauen erwachte er. Der Esel musste gesattelt, das Messer geschliffen, die Axt geschärft und

Holz für das Brandopfer gespalten werden. Alles war da, außer einem Tier für das Opfer. Die zwei jungen Knechte mussten fertig sein. Und – o ja – Isaak. Ohne ihn konnte man nicht aufbrechen. »Und Abraham stand des Morgens früh auf und sattelte seinen Esel und nahm mit sich zwei von seinen Knaben und Isaak, seinen Sohn; und er spaltete Holz zum Brandopfer und machte sich auf und zog hin an den Ort, den Gott ihm gesagt hatte« (1. Mo. 22,3).

Vielleicht war es gut, dass Abraham beschäftigt war. Er hatte keine Zeit darüber nachzudenken, was vor ihm lag. Dafür würde in den folgenden Stunden noch Zeit genug sein. Eigentlich hätten die Füße des Vaters schwer wie Blei sein müssen. Aber aus irgendeinem Grund war es nicht so. Er schien wie durch einen besonderen Zustrom von Kraft und Gnade angetrieben zu sein.

So machten sie sich auf den Weg, drei oder mehr Tage würde die Reise dauern. Dann begannen wohl Abrahams Gedanken sich zu überschlagen. Sicherlich hatte er mit einer Menge von verwirrenden und widerstreitenden Gefühlen zu kämpfen. Wie lange hatte er gewartet, bis Gott das Versprechen, ihm einen Sohn zu schenken, einlöste! Wie war er dann fast geplatzt vor Stolz und Erleichterung, als das Baby geboren wurde. Wie hatte er das Wachstum des Kindes beobachtet und jede Kleinigkeit mit größerem Entzücken, als er es hätte in Worte fassen können, wahrgenommen.

Und er dachte an das Versprechen Gottes. Nachkommen so zahlreich wie die Sterne am Himmel und der Sand am Meeresufer. Sie würden zu einer großen und mächtigen Nation heranwachsen und alle Nationen der Erde sollten in seinem Samen gesegnet werden. Isaak war derjenige, durch den die Geschlechterfolge ihren Anfang nehmen sollte.

Jetzt hatte Gott dem Abraham befohlen, Isaak zu töten. Das würde die Zusagen zunichte machen. Wie könnten sie sich erfüllen, wenn Isaak unverheiratet sterben musste? Selbst wenn der Patriarch einen anderen Sohn bekommen könnte, wäre das keine Lösung, denn Gott hatte gesagt: »In Isaak soll dir ein Same genannt werden« (1. Mo. 21,12).

Abgrundtiefe Gefühle

Man kann sich vorstellen, dass der alte Mann die meiste Zeit der Reise über schweigsam war, dass er drei Tage lang kaum ein Wort sprach. Der Esel trottete vor sich hin und trug den liebenden Vater dem vorbestimmten Platz entgegen. Sicherlich erlitt er Seelenqualen über den bevorstehenden Tod Isaaks. Jedesmal, wenn er einen Blick auf seinen schmucken Sohn warf, füllten sich seine Augen mit Tränen. Er wagte es nicht, zu lange hinzuschauen.

Aber dann hat er wohl über den Herrn nachgedacht. Schließlich hatte Gott diese Verheißungen gegeben und nichts ist sicherer als das Wort Gottes. Was Er zusagt, hält Er gewiss. Er kann nicht lügen. Er kann nicht betrügen. Er kann sich nicht täuschen. Was dem Menschen unmöglich erscheint, ist doch möglich bei Gott. Wenn Gott durch Isaak eine zahlreiche Nachkommenschaft verheißen hat und Er befiehlt, dass Isaak getötet wird, gibt es nur eine Lösung: Er wird ihn vom Tode auferwecken.

Vielleicht war Abraham über die Kühnheit seines Glaubens selbst erschrocken. Er hatte nie zuvor etwas von Auferstehung gehört. Aber so wie er Gott kannte, begriff Abraham, dass es eine moralische Notwendigkeit war.

Sind wir berechtigt anzunehmen, dass er nachts nahe bei Isaak lag, manchmal seinen Arm ausstreckte, um dessen Schultern zu berühren und sicher zu sein, dass er da war, diese letzten gemeinsamen Stunden auskostend?

Jetzt sind sie an Hebron vorbei und haben Bethlehem hinter sich gelassen. Hügel und steiniger Ackerboden zu beiden Seiten des Weges. Auf Abrahams Gesicht zeigt sich ein Ausdruck von eisernem Entschluss.

Hinauf nach Morija

Am dritten Tag kamen sie auf die Kuppe eines Hügels, der eigentlich »Hügel des Herzeleids« genannt werden könnte. Hier konnten sie zum ersten Mal nach Norden schauen und ockergetönte Gebäude auf dem Berg Morija entdecken. Hier würde Abraham die größte Prüfung seines Lebens erleben. Hier würde Isaak getötet und vollständig verbrannt werden, als Opfer zur Anbetung Gottes. Sicherlich zitterte Abrahams Brust. Sicherlich bemerkte Isaak es, aber er sagte nichts.

Schließlich brach der Vater das Schweigen. Sich zu den beiden jungen Männern wendend sagte er: »Bleibet ihr hier mit dem Esel; ich aber und der Knabe wollen bis dorthin gehen und anbeten und dann zu euch zurückkehren« (1. Mo. 22,4.5).

Was heißt das? »Wir werden zu euch zurückkehren?« Meinte er nicht: »Ich werde zu euch zurückkehren?« Nein, er wusste, was er sagte. »Wir werden zu euch zurückkehren.«

Aus irgendeinem Grund mussten Vater und Sohn die verbleibende Strecke allein gehen. Niemand kann das Schmerzliche des letzten Abschnitts der Reise erwägen. Abraham nahm das Holz des Brandopfers und legte es auf Isaak; und in seine Hand nahm er das Feuer und das Messer. Alles, was man zu einem lebendigen Opfer braucht.

Fand da ein lebhaftes Gespräch zwischen dem alten Mann und seinem geschmeidigen, kräftigen Sohn statt? Wir wissen es nicht. Aber da ist keine Spur einer Klage, eines Widerstrebens oder eines Dahinschleppens. Es sieht nicht so aus, als hätten sie umkehren wollen. Beide eilen voran. Es ist alles so unglaublich, so unvorstellbar.

Die höchste Glaubensprüfung

Schließlich stellte Isaak die beunruhigende Frage: »Mein Vater! Siehe, das Feuer und das Holz; wo aber ist das Schaf zum Brandopfer?« (1. Mo. 22,7). Offensichtlich hatte Isaak bis jetzt den wahren Grund der Reise noch nicht verstanden. Aber Abraham wusste ihn und die Frage schmerzte ihn bis in das Innerste seines Herzens. Aber noch einmal triumphierte hier der Glaube über menschliche Gefühle. Abraham entschärfte die Frage, indem er seinem Sohn versicherte, Gott würde sich ein Lamm zum Brandopfer ersehen.

Schließlich erreichten sie die vorgesehene Stelle. Abraham sammelte Felsbrocken zusammen und baute daraus einen Altar. Obendrauf schichtete er das Holz. Dann band dieser Vater, der Gott über alles liebte, seinen Sohn Isaak und legte ihn auf den Altar oben auf das Holz. Dieser alte Mann – womöglich zitterten seine Hände – bekam die Kraft, seinen erwachsenen Sohn aufzuheben und auf den Altar zu legen. Gleicherweise erstaunlich ist, dass der Sohn, der seinen betagten Vater leicht hätte überwältigen können, sich ohne Protest fügte.

Kein Künstler könnte dieser Szene gerecht werden. Hier ist ein Vater bereit, seinen Sohn Gott zu opfern. Hier ist ein unschuldiger Sohn bereit, im Gehorsam Gott gegenüber zu sterben.

Dann diese letzte qualvolle Szene. Abraham ergreift mit fester Hand das Messer, holt über Isaaks Brust aus und schaut hinunter auf das Angesicht dessen, der ihm mehr als das Leben bedeutet. Isaak seinerseits schaut auf, sieht das Messer in der Sonne blitzen und blickt in die Augen seines Vaters. Augenblicke, die eine Ewigkeit dauern.

In diesem kritischen Moment kam die dramatische Wendung. Bevor das Messer herniedersaust, hört Abraham eine bekannte Stimme, die zweimal seinen Namen ruft: »Abraham, Abraham!« Und genau wie in Beerscheba antwortete er: »Hier bin ich!«

Der ihn ansprach, ist der Engel des Herrn, kein anderer als Gott der Sohn in einer Erscheinung vor Seiner Fleischwerdung. Mit anderen Worten sagt Er: »Du brauchst deinen Sohn nicht anzutasten. Du hast die Prüfung bestanden. Jetzt weiß ich, dass du mich so sehr liebst, dass du mir nicht einmal deinen einzigen Sohn vorenthalten würdest. Nun weiß ich, dass du völlig hingegeben bist.«

Ein stellvertretendes Opfer

Abraham hört ein Knacken im Dickicht hinter sich.

Er dreht sich um und sieht einen Widder, der sich mit seinen Hörnern im Dornstrauch verstrickt hat. Sofort verstand er es. Er würde statt seines Sohnes Gott den Widder opfern. Der Widder würde stellvertretend sterben. Er würde sterben, damit Isaak gerettet wäre. Gott hatte genau zur rechten Zeit für ein Opfertier gesorgt. So erhielt Morija an jenem Tag einen neuen Namen: Jahwe Jireh, Jahwe wird ersehen. Dort war es, wo Gott ein passendes Opfer ersehen hatte.

Gewiss hat Abraham die Stricke, mit denen Isaak gebunden war, eilends zerschnitten und seinen Sohn so herzlich umarmt, wie er es nie zuvor getan hatte. Sicherlich war er tränenüberströmt, mit Tränen der Freude und Erleichterung.

Der Engel war aber noch nicht fertig. Weil der Patriarch seinen einzigen Sohn dem Herrn nicht vorenthalten hatte, schwor der Engel, dass er den Samen Abrahams reichlich segnen und mehren würde, wie die Sterne des Himmels und wie der Sand, der am Ufer des Meeres ist. Die Nachkommen würden über ihre Feinde triumphieren. Weil Abraham geglaubt hatte, würden alle Nationen der Erde in seinem Samen gesegnet werden.

Danach ging Abraham mit Isaak zu den jungen Männern, die bei dem Esel warteten und die kleine Schar kehrte nach Beerscheba zurück. Was muss das für eine Unterhaltung unterwegs gewesen sein. Immer wieder mögen sie die wunderbare Vorsehung Gottes besprochen haben, wie der Widder sich mit seinen Hörnern verfing und zwar am richtigen Ort und zu genau der richtigen Zeit! Ganz gewiss war das mehr als ein Zufall.

Gott hatte Seine Verheißung bestätigt. Isaak war verschont geblieben. Jahrhunderte danach sollte ein anderer Vater jenen Hügel mit Seinem Sohn erklimmen. Nur diesmal würde Er Ihn nicht verschonen. Diesmal würde der Sohn sterben. Er würde sterben, um durch Sein eigenes Opfer unsere Sünden wegzunehmen.

Preis sei Dir, o Lamm,
Sproß aus Davids Stamm!
Uns're Schuld hast Du gesühnet,
Trugst den Fluch, den wir verdienet.
Preis sei Dir, o Lamm,
Sproß aus Davids Stamm!

In welch tiefer Not
Schrieest Du zu Gott:
»Warum hast Du mich verlassen?«
O wer kann Dein Weh erfassen!
In welch tiefer Not
Schrieest Du zu Gott!

Du, zur Sünd' gemacht,
Sankst in Todesnacht.
Du, der keine Sünde kannte,
Der sich selbst »das Leben« nannte,
Du, zur Sünd' gemacht,
Sankst in Todesnacht.

Nun ist Gott geehrt,
Satans Macht zerstört,
Freigemacht unzähl'ge Scharen,
Die des Todes Beute waren.
Gott, in Dir geehrt,
Satans Macht zerstört.

O Anbetung Dir,
Preis und Dank dafür!
Über alles hoch erhoben,
Weilest, Gottes Lamm, Du droben.
O Anbetung Dir,
Preis und Dank dafür!

Karl Brockhaus

Manchmal bedeutet Hingabe, Gott den teuersten Schatz unseres Herzens zu übergeben.

Das Brandopfer

Das Alte Testament hat zwei Zeremonien oder Rituale, welche die Hingabe für den Herrn veranschaulichen und uns eine Lektion erteilen. Das eine ist das Brandopfer und das andere das Gelübde eines hebräischen Sklaven.

Zuerst sehen wir, wie sich ein gläubiger Hebräer der Stiftshütte nähert, um dem Herrn ein Brandopfer darzubringen. Wie er nun den jungen Stier am Seil führt, denkt er darüber nach, wie gut Gott zu ihm gewesen ist. Die unerschütterliche Liebe des Herrn, Seine Gnade und Barmherzigkeit erfüllen ihn mit Dankbarkeit. Freudig kommt er, um sich Ihm vollständig zu übergeben und das Brandopfer ist das Symbol dafür. Er denkt daran, dass das Opfertier rein sein muss, das heißt, es muss ein Wiederkäuer sein und gespaltene Hufe haben. Es muss auch makellos sein. Er wird es nun freiwillig opfern.

Er geht durch den Eingang, der mit einem Vorhang verhängt ist und kommt zu dem ehernen Altar. Er spürt schon die Hitze, die von ihm ausgeht. Die linke Hand hält das Seil, die Rechte legt er auf den Kopf des Tieres. Dies Ritual ist von großer Bedeutung. Er sagt damit: »Dieser Stier steht an meiner Stelle. Ich identifiziere mich mit ihm. Was mit ihm geschieht, das geschieht bildlich gesprochen mit mir.«

Jetzt wird er wahrscheinlich die Vorder- und Hinterbeine des Stiers zusammenbinden und ihn auf die Seite rollen. Er nimmt ein scharfes Messer und schneidet damit geschickt die Kehle des Stiers durch. Ein Priester fängt das Blut in einem Behälter auf und sprengt es über den Altar. Einige wenige Todeszuckungen und das Opfer liegt bewegungslos da.

Der Opfernde enthäutet das Tier und zerlegt es in Teile. Der Priester legt sie auf den Altar.

Ein vollständiges Opfer

Jetzt wird das einzigartige Merkmal des Brandopfers deutlich. Die einzelnen Teile des zergliederten Körpers werden auf dem Altar verbrannt, bis der ganze Körper (ausgenommen die Haut) vom Feuer verzehrt ist.

Dieses Opfer ist ein Bild auf den Herrn Jesus, der Sich dem Willen Gottes vollkommen hingab. Auf Golgatha wurde Er vollständig verzehrt von den Gerichtsflammen Gottes und der Wohlgeruch Seines Opfers stieg als ein duftender Wohlgeruch zum Vater auf (Eph. 5,2). Aber zu den Opfernden des Alten Testaments und zu den Gläubigen heute spricht das davon, dass wir unsere Leiber als lebendige Opfer darbringen, heilig und annehmbar für Gott; das ist unser vernünftiger Gottesdienst.

Die Hände und Füße, das Herze sogar
Durchbohrten sie, Herr, welch ein Schmerz!
Drum bringe ich gerne zum Opfer Dir dar
Die Hände, die Füße – mein Herz!

Cecil J. Allen

Ein wichtiges Merkmal des Brandopfers ist, dass es ein Opfer mit lieblichem Wohlgeruch ist. »Der Priester soll das Ganze darbringen und auf dem Altar räuchern: es ist ein Brandopfer, ein Feueropfer lieblichen

Geruchs dem Jehova« (3. Mo. 1,13b). Wenn ein Hebräer es dem Herrn opferte, mag er gedacht haben, das ist ein üblicher Ausdruck der Dankbarkeit. Er hat wohl nicht gedacht, er tue etwas Außergewöhnliches. Aber in Wirklichkeit erreichte der liebliche Geruch die Gegenwart Gottes.

So ist es auch mit den Gläubigen heute. Wenn der Herr Gläubige findet, die bereit sind, Ihm ihren Leib als lebendiges Opfer darzubringen, so hat Er große Freude an ihnen. Die Thronhalle Gottes ist erfüllt von dem Geruch eines lieblichen Aromas. Die Lektion des Brandopfers lautet: »Gib Gott alles, was du bist.«

Alles sei für Dich, Herr Jesus,
Alle Kraft erlösten Seins,
Alles Denken, Reden, Wirken,
Alles, was ich hab' sei Deins!

Meine Hände soll'n Dir dienen,
Meine Füße mit Dir geh'n,
Meine Augen auf Dich schauen
Und mein Mund Dein Lob erhöh'n.

Mary James

Sklavenmarkierung fürs ganze Leben

Wunderst Du Dich, dass es in Israel zu biblischen Zeiten Sklaverei gab? Doch, das gab es. Manchmal war das der einzige Weg, wie ein total verschuldeter Israelit sich von seinem Schuldenberg befreien konnte. Die Bibel berichtet von der Sklaverei als von einer geschichtlichen Tatsache, ohne sie als soziale Einrichtung zu billigen.

Der Herr hat Gesetze gegeben, die die Rechte der Sklaven schützten und sie vor Grausamkeit und Misshandlung bewahrten. Ein bestimmtes Gesetz sah vor, dass ein hebräischer Sklave im siebenten Jahr seines Dienstes entlassen werden sollte. Wie bedrückend die Umstände auch sein mochten, er hatte immer die Hoffnung auf Freiheit. Sein Dienstherr war verpflichtet, ihn reichlich mit Fleisch, Wein, Kleidung und weiteren lebensnotwendigen Dingen zu versorgen, wenn er ihn frei ließ. Manchmal jedoch fand ein Sklave es besser, weiterhin für einen freigiebigen und großzügigen Herrn zu arbeiten, als auf eigenen Füßen zu stehen. Dann brauchte er die Freiheit nicht anzunehmen. Er konnte die Dienstbereitschaft für seinen Herrn durch ein einfaches Ritual ausdrücken. Sein Herr würde ihn an die Haustür stellen, ein Ohrläppchen des Sklaven an den Türpfosten drücken und es mit einer Pfrieme durchbohren. Der Sklave würde sagen: »Ich liebe meinen Herrn. Ich will von dir nicht fortgehen.« Und so würde er für sein ganzes Leben als Sklave am Ohr markiert sein (2. Mo. 21,2-6; 5. Mo. 15,11-18).

Einige Menschen sehen darin eine Parallele zu Psalm 40,6 in Bezug auf den Herrn Jesus, der Sein ganzes Leben zu fortwährender Knechtschaft hingab. Die Worte »Ohren hast du mir bereitet« bedeuten buchstäblich »meine Ohren hast du durchbohrt«. Dadurch war Er für immer verpflichtet.

Lebenslänglich versklavt

Die Anwendung ist klar. Einst waren wir Knechte der Sünde und Satans: In die Irre geführt, belastet, tyrannisiert. Der Teufel war der schlimmste Despot. Dann begegneten wir Jesus. Er erlöste uns von unseren Sünden und von der Herrschaft des Bösen. Er hat uns Gutes getan weit über unsere Erwartungen und Vorstellungen hinaus.

Wir können frei ausgehen und für uns selbst, für das Vergnügen und für materielle Dinge leben oder wir können uns entscheiden, Seine willigen Knechte zu sein. Wir können sagen: »Ich liebe meinen Herrn. Ich will von Dir nicht freikommen.« Wir können uns Ihm zu immerwährender Knechtschaft hingeben. Mit den Worten von Handley Moule können wir dann singen:

Herr, stelle mich doch an Dein Tor,
Durchstich das Dir geweihte Ohr,
Denn Freiheit ist, Dein Sklave sein;
Ich sei in Dienst und Wachen Dein!

Ja, Ohr und Hand und was ich bin
Geb' ich Dir gern zum Dienste hin.

Mein Ich, mein Selbst liegt Dir zu Fuß,
Tritt drauf, dass es dort bleiben muss.

Wenn so Dein Segen sich ergießt,
Durch mich zu and'ren Menschen fließt,
Dann sagt Dein Geist ins Herze mir,
Dass ich ganz eins sei mit Dir.

Frances Ridley Havergal kleidete die Hingabe des hebräischen Sklaven in folgende Worte:

Ich liebe meinen Meister
Und will nicht frei ausgeh'n;
Dem, der für mich bezahlte,
Will ich zu Diensten steh'n.
Denn bleibend Ihm zu dienen,
Ist Segen und nicht schwer,
Und kommen harte Tage,
Gibt niemand Trost wie Er.
Nur Er erfüllt mein Sehnen
Mit Tröstung wunderbar,
Ihm will ich ewig dienen,
Nur Ihm auf immerdar.

Im Alten Testament gab es angestellte Knechte und Sklaven. Die angestellten Knechte arbeiteten für Lohn. Ihre Motivation war Geld. Die Sklaven waren Eigentum ihrer Herren. Wenigstens einige davon liebten ihren Herrn und Liebe war ihr Motiv. So ein Sklave war zweimal so viel wert als ein Tagelöhner. Wenn er nach sechs Jahren frei entlassen wurde, hieß es für den Herrn: »Es soll nicht schwer sein in deinen Augen, wenn du ihn frei entlässest; denn was an Wert das Doppelte des Lohnes eines Tagelöhners ausmacht hat er dir sechs Jahre lang gedient« (5. Mo. 15,18). Heute ist es noch genau so. Solche, die dem Herrn mit der Liebe ihres Herzens dienen, sind zweimal so viel wert wie jene, »welche meinen, die Gottseligkeit sei ein Mittel zum Gewinn« (1. Tim. 6,5).

Ruth und Esther

In der Geschichte der vorchristlichen Zeit werden etliche Frauen erwähnt, die durch ihre Treue Geschichte für Gott schrieben. Die Kultur jener Zeit war für Frauen erniedrigend, aber viele von ihnen ragen heraus und zeigen der Welt, was wahrhaftige Demut ist. Zwei Frauen werden besonders geehrt, indem mit ihren Namen zwei Bücher des Alten Testaments betitelt werden.

Ruth

Ruth ist ein heller Stern in der Galaxie der Hingegebenen. Sie war ihrer Schwiegermutter Noomi treu und tief ergeben. Aber darüber hinaus gehörte ihr Herz dem Gott Noomis.

Genau genommen war sie anonym. Sie kam von einer Familie von Unbekannten aus dem Volk der Moabiter, einem Volksstamm, der von Gott verflucht und von Seinem Volk verachtet war. Sie war eine Frau und Frauen wurden in jener Kultur nicht viel geachtet. Ihr Mann war gestorben und hatte sie kinderlos zurückgelassen. Ihre Schwiegermutter war eine Jüdin, eine Fremde, eine Ausländerin in der Heimat Ruths.

Dann kam der Augenblick der Entscheidung. In Ruths Fall war es die Frage: »Würde sie mit Noomi nach Bethlehem in Juda gehen oder bei ihrem eigenen Volk in Moab bleiben?« Ihre Schwiegermutter wollte es ihr leichter machen und schlug ihr vor, doch zu Hause zu bleiben. Das wollte die Schwägerin tun.

Eine edle Entscheidung
Ruths Entscheidung war ein klassisches Beispiel von Hingabe:

> »Dringe nicht in mich, dich zu verlassen, hinter dir weg umzukehren; denn wohin du gehst, will ich gehen und wo du weilst, will ich weilen; dein Volk ist mein Volk und dein Gott ist mein Gott; wo du stirbst, will ich sterben und daselbst will ich begraben werden. So soll mir der HERR tun und so hinzufügen, nur der Tod soll scheiden zwischen mir und dir!« (Rt. 1,16-17).

Ihre Entscheidung war nachdrücklich. »Dringe nicht in mich, dich zu verlassen. Deute es nicht einmal an, denke es nicht einmal. Ich habe mich entschlossen, dir zu folgen, es gibt keine Umkehr.«

Um das Ausmaß ihrer Anhänglichkeit zu beurteilen, beachten wir all das Neue, das sie wählte:

Ein neuer Mensch, dem sie nachfolgte. »Dringe nicht in mich, dich zu verlassen.« Ruth sah etwas Vertrauenswürdiges in Noomi. Diese Mutter Israels war es wert, dass man ihr nachfolgte.

Ein neuer Wohnort. »Wo du weilst, will ich weilen.« Sie ließ ihre Liebe und ihr Nationalitätsgefühl für Moab außer Acht, sie war bereit, ihre Familie, ihre Freunde und ihre Heimat aufzugeben.

Eine neue Familie. »Dein Volk ist mein Volk.« Sie wurde eine jüdische Proselytin, eine Adoptivtochter Abrahams. Sie nahm das Los des Volkes Gottes auf sich, verachtet von der Welt und doch das auserwählte Volk der Erde.

Eine neue Religion. Mit den Worten »Dein Gott

ist mein Gott«, ließ Ruth die heidnischen Götter, Rituale und Schreine von Moab hinter sich und übergab sich dem Gott Abrahams, Isaaks und Jakobs.

Ein neuer Ort zum Sterben. Als sie sagte: »Wo du stirbst, will ich sterben«, zeigte sie ihre Absicht, diese Wahl für die Dauer ihres Lebens zu treffen. Sie wollte mit Noomi sowohl im Leben als auch im Sterben identifiziert werden.

Ein neues Grab. »Wo du begraben wirst daselbst will ich begraben werden.« Aus Tradition wollen Menschen dort begraben werden, wo ihre Wurzeln sind. Jakob und Joseph wollten beide, dass ihre Leichname von Ägypten ins gelobte Land gebracht und dort begraben würden. Das ist ganz natürlich. Sogar der Lachs hat einen Instinkt, der ihn zum Sterben in das Gebiet seines Ursprungs führt, aber dies war bei Ruth nicht der Fall.

Eine seltsame junge Witwe. Sie übergab sich rückhaltlos dem Gott Israels. Die Folge war, dass sie einen Mann von hervorragendem Charakter traf und heiratete. Sie wurde eine Ahnfrau des Messias und wie schon gesagt, wurde ein Buch der Bibel nach ihr benannt.

An dem Tag, an dem Du Dich dem Herrn ganz übergibst, weißt Du nie, welche Schätze Er für Dich bereit hat.

Esther

Die andere Frau, auf deren Namen ein Buch der Bibel lautet, ist Esther. Wahrscheinlich hätten wir nie von ihr gehört, wenn sie gewankt hätte, als sie mit dem Thema der vollständigen Hingabe konfrontiert wurde.

Wunderbare Umstände trafen zusammen, sodass ein persischer König sie zu seiner Königin erwählte. Das

Volk dachte, es wäre ihrer Schönheit wegen. Weisere Leute wussten, dass Gott Seine Hand im Spiel hatte. Der Zeitpunkt war perfekt. Sie war Königin, als ihr Onkel Mordechai einen Komplott auf das Leben des Königs aufdeckte. Sie war Königin, als es dem mörderischen Haman fast gelang, Mordechai zu hängen und als dieser hinterhältige Antisemit einen unabänderlichen Erlass durchsetzte, nach dem alle Juden im Königreich getötet werden sollten.

Nun stand Esther im Rampenlicht. Würde sie zum König gehen und um das Leben ihres Volkes (sowie um ihr eigenes) flehen? Es gab da zwei Probleme. Es bedeutete den sicheren Tod, dem unberechenbaren König zu nahen, außer er reichte sein goldenes Zepter der Person entgegen. Die Wahrscheinlichkeit, dass er in diesem Moment Gnade erweisen würde, war gering, weil er mit Esther seit einem Monat keinen ehelichen Verkehr mehr gehabt hatte.

Um ihren Entschluss voranzutreiben, sandte Mordechai eine Botschaft zu ihr, dass sie, wenn sie nicht handeln würde, dem Schicksal der anderen Juden nicht entrinnen würde. Er war sich sicher, dass Gott die Juden irgendwie erretten würde, sie aber würde umkommen und an den Segnungen, die Juden befreit zu haben, nicht teilhaben. Dann setzte er seiner Mahnung noch die unvergänglichen Worte zu: »Und wer weiß, ob du nicht für eine Zeit wie diese zum Königtum gelangt bist?«

Das genügte Esther. Sie antwortete, dass alle Juden sich versammeln und drei Tage lang fasten sollten. Und sie versprach, dann zum König zu gehen und fügte hinzu: »Wenn ich umkomme, so komme ich um!« So gab sie ihr Leben preis. Das ist Hingabe. Wenn sie diese Entscheidung nicht getroffen hätte, würden wir jetzt nichts über sie lesen.

Und es hat sich gelohnt. Der König erwies ihr Gnade. Sie konnte Hamans Anschlag gegen ihr Volk abwenden. Es wurde ein neuer unwiderruflicher Befehl erlassen, dass die Juden sich verteidigen dürften. Die Feinde erlitten eine überwältigende Niederlage und Mordechai wurde der zweite Mann nach dem König.

Hingabe erfährt ihre größte Prüfung im Feuer der Bedrängnis.

Und es gab noch andere

Kaleb

Zweifellos kann man noch weitere Beispiele der Hingabe im Alten Testament finden. Kaleb muss hier auf jeden Fall ehrenhaft erwähnt werden. Als er 85 Jahre alt war, war er mit den Eroberungen der Vergangenheit noch nicht zufrieden, sondern er wollte neue Siege für den Herrn erringen. So bat er Josua um Erlaubnis, die Enakiter von Hebron zu vertreiben. »Und nun gib mir dieses Gebirge«, das sind bemerkenswerte Worte für einen fünfundachtzigjährigen Soldaten, der eigentlich schon in stiller Einsamkeit hätte dahinwelken können. Seiner Hingabe wird mit den Worten gedacht: »… weil er dem HERRN, dem Gott Israels, völlig nachgefolgt war.« Welch eine Anerkennung!

Jonathan

Jonathan war Anwärter auf den Thron Israels. Nach dem Tode seines Vaters Saul würde er zum König gekrönt werden. Aber Jonathan liebte David, wie er seine eigene Seele liebte und er hatte die geistliche Erkenntnis, dass David von Gott als König auserwählt war. Als Zeichen, dass er sein eigenes Recht auf den Thron aufgegeben hatte, gab er David sein Oberkleid. Als sie das letzte Mal beisammen waren, sagte Jonathan zu David mit ungeschminkten Worten: »Du wirst König werden über Israel« (1. Sam. 23,17).

Über den Charakter Jonathans schreibt Merrill Unger:

> Sein bemerkenswertester Charakterzug war seine glühende und selbstlose Anhänglichkeit seinen Freunden gegenüber, welche ihn dazu brachte, seine Hoffnungen auf den Thron aufzugeben und sich sogar um derentwillen, die er liebte, der Todesgefahr auszusetzen. Ungeachtet dessen, dass seine Liebe zu seinem Vater von diesem Wahnsinnigen abgewiesen wurde, war es sein Los, mit seinem Vater zu sterben. »Im Tod waren sie vereint.«[1]

Die Tatsache, dass Jonathan dem David nicht ins Exil folgte, sollte seine ungewöhnliche Großherzigkeit, ungeteilte Anhänglichkeit und selbstlose Hingabe nicht überschatten.

Davids treue Gefolgsmänner

Als David König war, gab es einige Männer, die ihm rückhaltlos ergeben waren. Einer davon war Amasai, das Haupt der Anführer, die zu ihm nach Ziklag kamen. Wir wissen nicht viel von ihm; tatsächlich ist er nur in einem einzigen Vers erwähnt (1. Chron. 12,19). Aber das beredte Zeichen seiner Hingabe dem König gegenüber ist denkwürdig:

> »Dein sind wir, David und mit dir, Sohn Isais! Friede, Friede dir und Friede deinen Helfern! Denn dein Gott hilft dir!«

Ittai war ein weiterer Krieger, der sich dem König hingegeben hatte. Er war ein Heide und für gewöhnlich würde ein Heide einem jüdischen König nicht Treue entgegenbringen. Aber als David nach dem Verrat Absaloms aus Jerusalem floh, wollte er Ittai davon abbringen, mit ihm ins Exil zu gehen. Ittais Antwort in Treue dem König gegenüber ist bemerkenswert:

> »So wahr der HERR lebt und mein Herr König lebt, an dem Ort, wo mein Herr, der König, sein wird, sei es zum Tode, sei es zum Leben, daselbst wird auch dein Knecht sein!« (2. Sam. 15,21).

Dann sind die drei heldenhaften Krieger zu nennen, die mit David in der Höhle von Adullam waren. Zu der Zeit war der König ein Ausgestoßener und Verbannter. Eines Tages dachte er an seine Kindheit in Bethlehem und an das köstliche Wasser aus der Zisterne dort und er sehnte sich seufzend nach einem Schluck davon. Kein Wasser der Welt kam dem gleich. Als die drei mächtigen Männer das hörten, war es, als schnellten sie augenblicklich empor mit den Worten: »Dein Wunsch ist unser Befehl, Herr.« Um nach Bethlehem zu kommen, mussten sie die feindlichen Linien durchbrechen, aber ihre eigene Sicherheit war ihnen gleichgültig. Mutig stürzten sie sich in die Gefahr. Es galt einzig und allein, ihren König zu erfreuen. Für einen Becher von diesem Wasser für ihn würden sie ihr Leben einsetzen.

David freute sich so, als sie mit dem Wasser zurückkamen, dass er es nicht trinken wollte, sondern es für den Herrn vergoß und sprach: »Fern sei es von mir, HERR, dass ich solches tue! Sollte ich das Blut der Männer trinken, die mit Gefahr ihres Lebens hingegangen sind?« (2. Sam. 23,17).

Wenn David durch die Hingabe dieser Männer schon so gerührt war, wie viel mehr muss es dann »den größeren Sohn Davids« bewegen, wenn Er diese Art der Hingabe bei Seinen Nachfolgern findet. Heute dürstet es unseren Herrn Jesus nach Seelen der Bewohner von Europa, Afrika, Asien, Nord- und Südamerika. Wenn aufopfernde Missionare und ihre Gehilfen die Verlorenen für Ihn gewinnen, sieht Er die Mühsal Seiner eigenen Seele an und ist zufrieden gestellt.

Urija

Ein anderer Mann, der genannt werden muss, ist Urija. Wie Ittai war er ein Heide und ein Soldat in Davids Armee. Mit Urijas Frau Bathseba beging David Ehebruch. Als sie schwanger war, fürchtete der König das Missfallen des Volkes. So beorderte er Urija aus dem Feld zurück und gewährte ihm, Großzügigkeit vortäuschend, Ruhe und Erholung daheim. Er nahm an, Urija würde ehelichen Verkehr mit Bathseba haben und man würde dann annehmen, Urija sei der Vater des Kindes. Urija erkannte die Falschheit des Königs nicht und in seiner Treue vereitelte er Davids Vorhaben, seine Sünde zu kaschieren. Hör' Dir Urijas Ergebenheit an:

> »Die Lade und Israel und Juda weilen in Hütten und mein Herr Joab und die Knechte meines Herrn lagern auf freiem Felde und ich sollte in mein Haus gehen, um zu essen und zu trinken und bei meinem Weibe zu liegen? So wahr du lebst und deine Seele lebt, wenn ich dieses tue!« (2. Sam. 11,11).

Nachdem der König seinen Plan durchkreuzt sah, erniedrigte er sich zum wohl tiefsten Punkt seiner Laufbahn. Er gab Befehl, den Urija dorthin zu stellen, wo der Kampf gegen die Ammoniter am stärksten tobte.

Dann sollten die Israeliten sich hinter ihm zurückziehen und der treue Soldat würde den sicheren Tod finden. Und so war es dann auch. Es war hinterlistiger Verrat. In diesem Fall wenigstens war David der Hingabe eines Mannes wie Urija nicht wert. So etwas könnte man von unserem Herrn niemals sagen.

Daniel und seine drei Freunde

Nicht vergessen dürfen wir Daniel und seine drei Freunde, die mit ihm als Gefangene in Babylon lebten. Wegen ihres vortrefflichen Charakters waren sie dem König aufgefallen. Er beschloss, sie klein zu kriegen und sie dann wieder als Chaldäer aufzubauen, indem er ihre Namen, ihre Sprache, ihre Kost, ihren Lebensstil und ihre Kultur änderte. Und, o ja, ihre Religion! Ihre ursprünglichen hebräischen Namen beinhalteten alle den Namen Gottes: Daniel – Gott ist mein Richter; Hananja – Gott ist gnädig; Misael – wer ist wie Gott und Asarja – Jahwe ist meine Hilfe (o. mein Erhalter). In ihren neuen babylonischen Namen waren die Namen von heidnischen Gottheiten versteckt: Beltsazar – Bel, der Nationalgötze; Sadrach – vielleicht die Mondgottheit oder der Gott der Stadt; Mesach – bedeutet: Ich beuge mich (vor meinem Gott); und Abednego – Knecht Nebos.

Die erste wirkliche Versuchung kam im Bereich von Essen und Trinken, was an und für sich ganz harmlos erscheint. Der König verordnete ihnen täglich die Tafelkost des Königs und seinen Wein (was damals für Feinschmecker vielleicht das Beste der Welt war). Wenn sie es angenommen hätten, hätten sie günstige Aussichten gehabt, am königlichen Hof aufzurücken.

Es hätte wie Undankbarkeit ausgesehen, die Anordnung des Königs, nach allem, was er für sie getan hatte, zurückzuweisen. Sie hätten denken können, sie würden die Speise zu sich nehmen, ohne sie in ihre Herzen zu übertragen. Die anderen Juden außerhalb des Palastes würden es niemals erfahren. Und außerdem, alle anderen taten es auch.

Aber es war kein koscheres Essen, es könnte Götzenopferfleisch sein. Dieses zu essen, würde die göttlichen Gesetze, die Israel gegeben waren, verletzen. »Und Daniel nahm sich in seinem Herzen vor, sich nicht mit der Tafelkost des Königs und mit dem Weine, den er trank, zu verunreinigen« (Dan. 1,8).

Aber bevor dieser Umstand ein »cause célebrè« werden konnte, schlug Daniel dem Aufseher weise eine andere Möglichkeit vor. »Versuche es doch mit deinen Knechten zehn Tage und man gebe uns Gemüse zu essen und Wasser zu trinken; und dann möge … unser Aussehen geprüft werden.« Der Aufseher stimmte zu. Danach fand der König sie erkenntnisreicher, weiser und einsichtiger als all die anderen. Er musste zugeben, dass sie all seinen babylonischen Magiern und Astrologen zehnmal überlegen waren.

Dadurch, dass sie ihren Prinzipien treu geblieben waren in Punkten, die andere für unbedeutend hielten, wurden sie von Gott geehrt und für eine viel schwerwiegendere Prüfung vorbereitet.

Der Feuerofen

Bald kam die nächste Prüfung. Wohl als Ergebnis eines Traumes entwickelte der König von Babylon eine übertriebene Auffassung seiner eigenen Wichtigkeit.

So befahl er, ein goldenes Bild von der Höhe eines achtstöckigen Hauses aufzurichten. Das sollte eine Einheitsreligion sowie eine Einheitsregierung garantieren. Am Tag der Einweihung wurde befohlen, dass jedermann niederfallen und das goldene Bild anbeten sollte. Wer dies verweigerte, sollte in einen brennenden Feuerofen geworfen werden.

Daniel schien dort nicht dabeigewesen zu sein, aber sein Beispiel verfehlte die Wirkung auf seine drei Freunde nicht. Sie waren fest entschlossen: Auf gar keinen Fall würden sie das Götzenbild anbeten.

Vielleicht wurden sie von den Hofbeamten denunziert, weil sie neidisch waren, dass diese Gefangenen über die Provinz Babylon eingesetzt werden sollten. Als der König das hörte, konnte er nicht glauben, dass jemand sich seinem Befehl widersetzen würde. Glaubten sie, dass ihr Gott sie aus seiner Gewalt erretten könnte? Die jungen Hebräer wussten, Gott konnte das. Als nun der König sein Ultimatum erließ, sagten sie:

> »Ob unser Gott, dem wir dienen, uns aus dem brennenden Feuerofen zu erretten vermag – und er wird uns aus deiner Hand, o König, erretten – oder ob nicht, es sei dir kund, o König, dass wir deinen Göttern nicht dienen und das goldene Bild, welches du aufgerichtet hast, nicht anbeten werden« (Dan. 3,17-18).

Sie wussten, es war besser, verbrannt zu werden, als Kompromisse einzugehen. Besser, zu sterben, als ihre Grundsätze zu verleugnen. Besser, in den Himmel mit einem guten Gewissen einzugehen, als mit einem schlechten Gewissen weiterzuleben.

Der König war leichenblass vor Wut. Er befahl, den Feuerofen siebenmal mehr zu heizen, als zur Heizung hinreichend war und die drei Aufsässigen hineinzuwerfen. Der Gedanke, einer solchen Qual ausgesetzt zu sein, ist genug, um das Herz stillstehen zu lassen. Aber sieh, was geschah.

Die Flammen töteten die ausführenden Männer, aber nicht die Hebräer. Der Herr hatte verhindert, dass diese drei jungen Männer verletzt wurden. Er war mit ihnen im Feuerofen. Alles was das Feuer tat, war, die Seile, mit denen sie gebunden waren, zu verbrennen. Als sie herauskamen, waren ihre Kleider nicht verbrannt, ihre Leiber nicht verletzt, ihr Haar nicht versengt und es war nicht einmal der Geruch des Feuers an ihnen (Dan. 3,22-27).

Der König gab einen Befehl, dass der Gott der Juden gepriesen würde und er drohte jedem den Tod an, der Unrechtes gegen Ihn sprechen würde. Außerdem beförderte er die drei feuersicheren Männer.

Spurgeon sagte: »Wenn Du einen Zoll nachgibst, bist Du geschlagen; aber wenn Du nicht um Haaresbreite nachgibst, wirst Du geachtet werden. Der Mensch, der seine Grundsätze verbergen und seinen Glauben verheimlichen kann und ein wenig sündigt, ist ein Niemand. Du kannst die Welt nicht erschüttern, wenn Du es zulässt, dass die Welt Dich erschüttert.«

Die Löwengrube

Mittlerweile war Daniel achtzig oder neunzig Jahre alt, eine mächtige Gestalt im Königreich Persien. Seine neidischen Kollegen suchten nach einem Grund, ihn loszuwerden, aber sein makelloser Charakter und seine vorbildliche Lebensführung erschwerten dieses Vorhaben. Sie dachten, die einzige Möglichkeit ihn zu »kriegen« wäre, das Gebet zu Daniels Gott gesetzlich zu verbieten. Damit sprachen sie ihm unabsichtlich Anerkennung für seinen gerechten Charakter aus.

So wurde ein unabänderliches Gesetz verabschiedet. Im Monat darauf würde jeder, der einen anderen Gott oder Menschen als den König anbeten würde, in die Löwengrube geworfen werden.

Daniel konnte keinen Grund sehen, warum er aufhören sollte zu beten. So kniete er in seinem Raum dreimal täglich nieder, wandte sich gegen Jerusalem, betete und lobpries seinen Gott. Das war noch nicht alles. Er kniete an einem offenen Fenster, so wie er es immer getan hatte. Warum sollte er das ändern? Hier war ein Mann, der es vorzog, in die Löwengrube geworfen zu werden, als einen Tag ohne Gebet zu verbringen.

Da seine Mitarbeiter Daniel beim Ungehorsam gegen das Gesetz überführen wollten, mussten sie nicht lange warten. Er betete nicht unter der Bettdecke. Er betete nicht stumm – in seinem Herzen. Nein, er betete laut und für alle sichtbar. Der König war betrübt, aber er hatte keine andere Wahl; Daniel musste den Löwen zum Fraß vorgeworfen werden. Und so wurde er in die Grube geworfen.

Aber warte! Daniel schlief bei den Löwen, während der König eine königlich-schlaflose Nacht zubrachte. Am nächsten Morgen kam der Mann Gottes in bestem Zustand heraus. Gott hatte die Rachen der Löwen verschlossen. Daniels Verkläger aber wurden getötet. Und auf ein Gebot des Königs hin sollten alle den Gott Daniels fürchten.

Bedenke die Ehre, die Gott als Ergebnis von Daniels Hingabe zukam. Dieser tapfere Mann wusste nichts davon, was Robert G. Lee »rückgratlose Theologie, biegsame Überzeugung und Purzelbaumphilosophie« nannte. Diese hingegebenen Männer hatten eine Überzeugung, für die sie zu sterben bereit waren. Ihre Hingabe an den Herrn war endgültig und unwiderruflich. Der Wille Gottes stand bei ihnen an erster Stelle. Sie hatten nur Verachtung übrig für das Abweichen von der Marschroute, für leichte Alternativen und für Entschuldigungen. Im Leben und im Tod gehörten sie dem Herrn.

Hingabe im Neuen Testament

Johannes der Täufer

Jetzt wollen wir das Neue Testament betrachten, um Leute zu treffen, die in besonderem Maß dem Herrn geweiht waren. Da war Johannes der Täufer. Unser Herr nannte ihn »die brennende und scheinende Lampe« und »mehr als ein Prophet«. Johannes sprach unaufhörlich von seiner eigenen Nichtswürdigkeit, damit sein Herr allen Ruhm bekommen sollte. Er war überhaupt nicht eifersüchtig, als seine Schüler ihn verließen, um zu den Füßen Jesu zu lernen. Seine Demut und seine Selbsterniedrigung wurden nur noch von seinem todesverachtenden Mut übertroffen. Schließlich befahl Herodes, der Vierfürst, ihn zu köpfen.

Die Apostel

Dann waren da die elf Apostel. Als der jüngere Johannes den Täufer ausrufen hörte: »Siehe, das Lamm Gottes«, da begann für ihn ein Leben unaufhörlichen Dienstes, was ihm den Namen »der Jünger, den Jesus liebte« einbrachte. Er starb nicht, wie die anderen Jünger, den Märtyrertod, aber er lebte das Leben eines Märtyrers. Die Hingabe von Simon Petrus war unbestreitbar, auch wenn wir dazu neigen, mehr an seine Schwäche zu denken. Um Christus nachzufolgen, verließ er seinen Beruf als Fischer an dem Tag, an dem er seinen größten Fang gemacht hatte (Lk. 5,1-11). Wenn die Überlieferung wahr ist, bat er, mit dem Kopf nach unten gekreuzigt zu werden, weil er aus Demut nicht den Tod, den sein Meister gestorben war, sterben wollte. Betreff der anderen Apostel gibt es wenig Genaues, aber es ist klar, dass sie ihr Herz an den Herrn verloren hatten und keinen Rückzug machten.

Treue Frauen

Wir dürfen die treuen Frauen nicht vergessen, die dem Erlöser dienten. Da gab es die, die Ihn mit kostbarem Öl salbten, die Seine Füße mit ihren Tränen wuschen und mit ihren Haaren trockneten. Da war die Frau, die »von ihrem Mangel den ganzen Lebensunterhalt, den sie hatte, in den Schatzkasten einlegte« (Lk. 21,2). Im Hause Simons, des Aussätzigen, bereitete eine andere Frau Seinen Leib für das Begräbnis zu. Es waren Frauen, die als Letzte beim Kreuz standen und als Erste beim leeren Grab gefunden wurden. Im Buch der Apostelgeschichte und in den Briefen finden wir Lydia, Priscilla, Lois, Eunike und andere.

Stephanus

Stephanus, ein Mann voll Heiligen Geistes, Kraft und Glauben, war der erste Märtyrer der christlichen Gemeinde. Er war überragend in seiner Treue zu Christus, er starb lieber einen gewaltsamen Tod, als Kompromisse einzugehen.

Paulus

Wenn Abraham das hervorragende Beispiel von Hingabe im Alten Testament ist, so hat der Apostel Paulus diesen Platz im Neuen Testament (natürlich abgesehen vom Herrn Jesus). Vor seiner Bekehrung zu Christus war Paulus ein aufgehender Stern im orthodoxen

Judaismus. Stolz auf seine Herkunft und auf seine Religion, setzte er sich für diese fanatisch ein und suchte jede Religion, die eine Bedrohung darstellte, zu unterdrücken.

Auf der Straße nach Damaskus jedoch traf er den verherrlichten Herrn und in diesem Augenblick »hörte er eine lieblichere Geschichte und fand das wahre Ziel« (Mary Bowley). Er wurde ein glühender Nachfolger dessen, den er verfolgt hatte. Ein Feuer war in seiner Seele angezündet, das niemals mehr ausgehen sollte. In seiner Frage: »Herr, was willst du, dass ich tun soll?« erkannte er zunächst einmal Jesus als seinen Herrn an. Außerdem war es eine totale Unterordnung unter den Willen Christi, was auch immer die Folgen sein würden. Sein weiteres Leben und seine Hinrichtung in Rom waren die Antwort auf diese Frage.

Nur wenig Menschen haben jemals den Leidenskatalog seelischer und körperlicher Natur durchgemacht wie Paulus. Er wusste, was Sorge war: Bestürzung, Enttäuschung, Herzeleid, Betrug. Er wurde von seinen Feinden verleumdet und von manchen seiner Freunde verlassen. Als einige der Gläubigen von Korinth sein Apostelamt in Frage stellten, legte er ihnen seine unvergessliche Herausforderung vor:

> »Sind sie Hebräer? Ich auch. Sind sie Israeliten? Ich auch. Sind sie Abrahams Same? Ich auch. Sind sie Diener Christi? (ich rede als von Sinnen). Ich über die Maßen. In Mühen überschwänglicher, in Schlägen übermäßig, in Gefängnissen überschwänglicher, in Todesgefahren oft. Von den Juden habe ich fünfmal empfangen vierzig Streiche weniger einen. Drei-

> mal bin ich mit Ruten geschlagen, einmal gesteinigt worden; dreimal habe ich Schiffbruch gelitten, einen Tag und eine Nacht habe ich in der Tiefe zugebracht; oft auf Reisen, in Gefahren auf Flüssen, in Gefahren von Räubern, in Gefahren von meinem Geschlecht, in Gefahren von den Nationen, in Gefahren in der Stadt, in Gefahren in der Wüste, in Gefahren auf dem Meere, in Gefahren unter falschen Brüdern; in Arbeit und Mühe, in Wachen oft, in Hunger und Durst, in Fasten oft, in Kälte und Blöße; außer dem, was außergewöhnlich ist, noch das, was täglich auf mich eindringt: die Sorge um alle Versammlungen. Wer ist schwach und ich bin nicht schwach? Wer wird geärgert und ich brenne nicht?« (2. Kor. 11,22-29).

An anderer Stelle schrieb er:

> »... sondern in allem uns erweisen als Gottes Diener, in vielem Ausharren, in Drangsalen, in Nöten, in Ängsten, in Streichen, in Gefängnissen, in Aufständen, in Mühen, in Wachen, in Fasten; in Reinheit, in Erkenntnis, in Langmut, in Gütigkeit, im Heiligen Geiste, in ungeheuchelter Liebe; im Wort der Wahrheit, in der Kraft Gottes; durch die Waffen der Gerechtigkeit zur Rechten und zur Linken; durch Ehre und Unehre, durch böses Gerücht und gutes Gerücht, als Verführer und Wahrhaftige; als Unbekannte und Wohlbekannte; als Sterbende und siehe, wir leben; als Gezüchtigte und nicht getötet; als Traurige, aber allezeit uns freuend; als Arme, aber viele reich machend; als nichts habend und alles besitzend« (2. Kor. 6,4-10).

James Stalker schreibt in seiner Biografie über Paulus:

> »Niemals gab es so einen ungeteilten Blick oder so ein hingegebenes Herz. Niemals gab es so eine übermenschliche und unermüdliche Energie. Niemals gab es solch eine Anhäufung von Schwierigkeiten, denen so siegreich begegnet wurde und Leiden, die für irgendeine Sache so freudig ertragen wurden.«[1]

Nie dachte er auch nur an Aufgeben oder Zurückweichen. Wenn man die Hand an den Pflug legt, muss man durchhalten bis zum Ende. Wenn das der Preis der Hingabe an Christus war, würde er ihn bezahlen – selbst sein Leben würde er hingeben. Er hatte nur eine Leidenschaft: Christus und Christus allein.

Paulus war keiner der zimperlichen Heiligen, die beim Anblick von Blut ohnmächtig werden oder sagen: »Ich würde Soldat werden, wenn es nicht diese schrecklichen Gewehre gäbe.« Als in Asien ein riesiger Tumult gegen ihn losbrach, flüchtete er nicht schleunigst mit einer jämmerlichen Entschuldigung nach Antiochien. Er gab niemals auf. Er hatte es nie gelernt, zum Rückzug zu blasen.

Merke auf die großartige Antwort, die er gab, als er an Leid und Verfolgung in seinem Leben dachte:

> »Aber ich nehme keine Rücksicht auf mein Leben, als teuer für mich selbst, auf dass ich meinen Lauf vollende und den Dienst, den ich von dem Herrn Jesus empfangen habe, zu bezeugen das Evangelium der Gnade Gottes« (Apg. 20,24).

Es war keine Großtuerei, als er am Ende seines Lebens sagte: »Ich habe den guten Kampf gekämpft, ich habe den Lauf vollendet, ich habe den Glauben bewahrt« (2. Tim. 4,7).

> »Heute beeinflusst er unser Leben um ein Vielfaches mehr, als ihm das in seinem Erdendasein vor Augen stand. Wo auch immer die Füße derjenigen, die die frohe Botschaft verkünden, Berge erklimmen, geht er leitend und inspirierend an ihrer Seite; in Tausenden von Versammlungsräumen am Tag des Herrn und in vielen tausend Häusern lehrt seine beredte Sprache noch das Evangelium, dessen er sich niemals schämte; und wo auch immer menschliche Seelen die weiße Blume der Heiligung suchen oder die schwierigen Höhen der Selbstverleugnung erklimmen, dort wird er als bester Freund willkommen geheißen, er, dessen Leben so rein, dessen Hingabe an Christus so vollkommen war und der dem alleinigen Ziel unaufhörlich zustrebte.«[2]

Märtyrer

Während wir noch an die Beispiele der Hingabe aus dem Neuen Testament denken, sollten wir die vielen Märtyrer nicht vergessen, die nur Gott kennt und die Seine Gnade mehr als das Leben schätzten. Wir sollten denen Anerkennung schenken, die beispielsweise zur Zeit Neros starben. Als eine Feuersbrunst halb Rom zerstörte, beschuldigte der Kaiser die Christen, obwohl er stark verdächtigt wird, selber der Brandstifter gewesen zu sein. Er befahl, Gläubige mit Teer anzustreichen und sie als lebendige Fackeln für seine Gartenfeste anzuzünden. Von diesen Männern und Frauen, die ihr Leben nicht liebten bis zum Tod, können wir nur sagen: »Die Welt war ihrer nicht wert« (Hebr. 11,38).

Dritter Teil

Hingabe in der Kirchengeschichte

Hingabe in der älteren Kirchengeschichte

Wir müssen nicht glauben, dass es nur zu biblischen Zeiten dramatische Begebenheiten mit hingegebenen Heiligen gab. Der Herr hat immer einen Überrest von Männern und Frauen gehabt, die Ihm ihr Leben vollkommen ausgeliefert haben.

Wir dürfen die frühen christlichen Märtyrer wie Polykarp nicht vergessen. Als der Prokonsul drohte, ihn lebendig zu verbrennen, sagte Polykarp: »Das Feuer, das Sie androhen, brennt ungefähr eine Stunde lang und verlöscht dann, aber Sie kennen nicht das Feuer des kommenden Gerichts und die ewige Pein, die den Gottlosen auferlegt wird. Aber was zögern Sie, kommen Sie, tun Sie, was Sie tun wollen.« Als die Soldaten ihn an den Pfahl nageln wollten, sagte er: »Lasst mich so, wie ich bin. Denn der, der mir hilft, das Feuer auszuhalten, wird mich auch befähigen, unbeweglich auf dem Scheiterhaufen zu bleiben, ohne die Sicherheit, die Ihr Euch von den Nägeln erhofft.«

Da waren die Helden der Katakomben. Zu jener Zeit wollte der Kaiser sein Imperium vereinen, in welchem es viele verschiedene Elemente hinsichtlich Rasse, Kultur und Sprache gab. So führte er den Kaiserkult ein. Unter Todesstrafe wurde jedem Bürger befohlen, einmal im Jahr ein wenig Weihrauch auf einen römischen Altar zu legen und zu bekennen: »Der Kaiser ist der Herr.« Sie mussten es gar nicht glauben; sie mussten es nur sagen. Aber die Gläubigen wollten das nicht tun. Ihr feststehender Ausspruch war: »Jesus ist der Herr.« Im letzten Augenblick hätten sie ihren Glauben an Christus widerrufen, den Weihrauch auf den Altar legen und sagen können: »Jesus sei verflucht.« Aber sie waren dem Erlöser treu und diese Ergebenheit kostete sie das Leben.

Die Geschichte ist befleckt mit dem Blut der Waldenser, Herrnhuter, Hugenotten und der schottischen Covenanter.

John Wycliff (1320–1384), bekannt als der Morgenstern der Reformation, bestand darauf, dass das gewöhnliche Volk das Recht hätte, das Wort Gottes in einer verständlichen Sprache zu haben. Mit diesem Ziel verfasste er die erste komplette Version der englischen Bibel. Er lehrte, dass die Bibel die einzige Autorität in Dingen des Glaubens und des praktischen Lebens sei und dass die Lehre der Wandlung eine gotteslästerliche Täuschung sei. Dies brachte ihn natürlich in Konflikt mit der katholischen Kirche. Vierundvierzig Jahre nach seinem Tod wurde sein Leichnam exhumiert, zu Asche verbrannt und in den Fluss geworfen. Falls Wycliff das von seinem himmlischen Aussichtspunkt aus gesehen haben sollte, muss er gelacht haben, denke ich.

Johannes Huss (1374–1415) stand unter dem Einfluss der Lehren von Wycliff und verbreitete sie in Böhmen. Weil er die hohe Geistlichkeit furchtlos zurechtwies, wurde er jahrelang verfolgt und schließlich vom Papst exkommuniziert. Weil er das Evangelium predigte, wurde er schließlich auf dem Scheiterhaufen von einer Kirche verbrannt, die trunken ist vom Blut der Heiligen.

William Tyndale (1494–1536) gab uns die erste gedruckte englische Bibel. Als seine Freunde und andere anfingen, im Wort Gottes zu lesen, fühlte die Kirche sich in ihrer Autorität bedroht. Kardinal Wolsey verteidigte die Kirche gegen die »schädliche Irrlehre« der Bibel. Als – vermutlich ein studierter – Geistlicher zu Tyndale gesandt wurde, um ihn zu bekehren, sagte dieser: »Wenn Gott mein Leben verschont, werde ich innerhalb weniger Jahre dafür sorgen, dass ein Knecht, der hinter dem Pflug hergeht, mehr von den Schriften versteht, als Ihr.« Die letzten 17 Jahre seines Lebens verbrachte er in Gefangenschaft, dann wurde er stranguliert und verbrannt.

Graf Zinzendorf (1700–1760), ein Führer der Herrnhuter, stand vor einem Gemälde von Steinberg, das den Gekreuzigten darstellte. Da war zu lesen: »All dies tat ich für Dich. Was tust Du für mich?« Diese prüfende Frage brachte ihn dazu, sein Leben, seinen Besitz und seine Gaben der Sache des Herrn zu weihen. Er leitete eine Gruppe christlicher Flüchtlinge auf seinem Besitz in dem Dorf Herrnhut und dort nahm die moderne christliche Missionsbewegung ihren Anfang.

Hugh Latimer (1485–1555), ein protestantischer Bischof, sagte: »Wenn ich das Blut Christi mit den Augen meiner Seele sehe, so ist das wahrer Glaube.« Diese Auffassung wurde natürlich von der blinden Staatskirche als Irrlehre betrachtet. Als Latimer und Nicholas Ridley auf dem Scheiterhaufen gebunden wurden, sagte Latimer zu dem anderen Märtyrer: »Seien Sie unbekümmert, Herr Ridley. Durch die Gnade Gottes werden wir beide heute in England ein Licht anzünden, das niemals verlöschen wird.« Und so war es!

Thomas Cranmer (1459–1556) unterschrieb in einem Moment der Schwäche einen Widerruf von seiner biblischen Position. Aber er fasste wieder Mut und auf dem Scheiterhaufen hielt er die schuldige Hand, die den Widerruf unterschrieben hatte, als erstes in die Flammen mit den Worten: »Verdirb diese unwürdige Hand!«

Margaret MacLachlan (1622–1685) und Margaret Wilson (1667–1685) wurden dazu verurteilt in der Flut ertränkt zu werden, weil sie Christus treu waren und sich weigerten, dem Druck von Seiten des Staates nachzugeben. Die Ältere war 63, die Jüngere 18 Jahre alt. Trotz unaufhörlichen Drängens, sich ihren Feinden zu fügen, weigerten sie sich standhaft. Also wurde Margaret MacLachlan an einen Pfosten im tiefen Wasser gebunden. Die zweite Margaret band man an einen Pfahl, der landeinwärts stand. Die Beamten dachten, wenn Miss Wilson zusah, wie die ältere Frau ertrank, würde sie widerrufen. Als die Flut schließlich das Kinn der älteren Märtyrerin erreichte, konnten die Zuschauer sie sagen hören: »Denn ich bin überzeugt, dass weder Tod noch Leben, weder Engel noch Fürstentümer, weder Gegenwärtiges noch Zukünftiges, noch Gewalten, weder Höhe noch Tiefe, noch irgendein anderes Geschöpf uns scheiden können von der Liebe Gottes …« (Röm. 8,38-39). Bevor sie zu Ende sprechen konnte, wurde sie vom Wasser bedeckt und war dem Sadismus der Feinde Christi entronnen. Als Margaret Wilson sie sterben sah, wurde sie in ihrem Entschluss nicht wankend. Sie sagte vielmehr: »Wenn Gott einer alten Frau Kraft zum Sterben geben kann, kann er sie auch mir geben.« Und so war es. Die Flut kam heran, verschlang sie und sie ging heim, den König zu sehen, den sie mehr als ihr Leben liebte.

John Brown (?–1685) war einer der schottischen Covenanter, der lieber starb, als dem Herrn Jesus und den Prinzipien des Wortes Gottes untreu zu werden. Eines Tages umzingelten Lord Claverhouse und seine Männer John, der in der Nähe seines Hauses arbeitete. Sie drängten ihn ins Haus, wo Mrs. Brown ein Baby auf dem Arm hatte. Claverhouse befahl seinen Männern zu schießen, aber diese hatten John Brown vor wenigen Minuten beten gehört und konnten dem Befehl nicht gehorchen. Claverhouse selbst erschoß den gottesfürchtigen Mann, dann wandte er sich an Mrs. Brown und fragte: »Was halten Sie jetzt von Ihrem Mann?« Johns Leichnam lag zu ihren Füßen und sie antwortete: »Ich habe immer viel von ihm gehalten, aber nie so viel wie jetzt.« Als Claverhouse sagte: »Es wäre richtig, Sie neben ihn hinzustrecken«, erwiderte sie prompt: »Ich bezweifle nicht, dass Sie in Ihrer Grausamkeit so weit gehen würden, wenn Sie es dürften, aber wie wollen Sie sich für das Werk dieses Morgens verantworten?«

Martin Luther (1483–1546) wurde durch das Lesen des Römerbriefs errettet. Er war empört über den Verkauf von Ablässen zum Bau des Petersdoms in Rom. Als er unter Anklage stand, weigerte er sich, den Papst als höchste Instanz anzuerkennen, sondern bestätigte die alleinige Herrschaft Christi. Seine Hingabe leuchtete aus folgenden denkwürdigen Worten: »Mein Gewissen ist gebunden an Gottes Wort.« Später trat er für die drei Soli der protestantischen Reformation ein: »Sola fide (allein durch Glauben); sola gratia (allein durch Gnade); sola scriptura (allein durch die Bibel).« Er übersetzte die Bibel ins Deutsche und kämpfte tapfer für den Glauben.

Von *Johannes Calvin (1509–1564)* sagte ein anderer Reformator: »Er war eifrig im Dienst für den Herrn, dem er sein Herz ganz gegeben hatte.« Obwohl er über die Autorität von Kirche und Staat anders dachte, machte seine Lehre ihn zu einem der herausragendsten Männer der Reformationszeit, nämlich, dass Errettung durch Glauben ohne Werke, aber zu guten Werken geschieht.

Gleicherweise erinnern wir uns an *John Knox (1505–1572)*, der ein beherzter Verteidiger des Glaubens in Schottland war. Stark beeinflusst von Calvin, war er ein unermüdlicher Feind des Götzendienstes und von allen Irrlehren und unbiblischen Lehren des Papstes. Er war es, der sagte: »Gib mir Schottland oder ich sterbe.« Ein Biograf nannte ihn: »Knox, ein Mann von unbeugsamer Charakterstärke und ein geistlicher Riese, der vielleicht stärker als je ein anderer das Denken einer ganzen Nation prägte.«[1] Die katholische Königin Mary von Schottland sagte, sie fürchte seine Gebete mehr als alle Armeen Englands.

Man müsste eine umfangreiche Enzyklopädie verfassen, um von den Männern und Frauen aller Jahrhunderte zu berichten, die Christus nachfolgten, ihr Kreuz täglich auf sich nahmen und jedem Versuch, sie zur Verleugnung ihres Glaubens zu bringen, widerstanden.

Hingabe in der jüngeren Kirchengeschichte

Jetzt kommen wir zum letzten und vorletzten Jahrhundert. Werden die Reihen der Hingegebenen lichter? Vielleicht hat der Druck des modernen Lebens, die Liebe zu materiellen Dingen und das starke Interesse an Vergnügungen viele dahin gebracht, ihre ursprünglichen Gelübde zu brechen und die erste Liebe zu verlassen. Aber die Stimme des Heiligen Geistes ruft immer noch Männer und Frauen zu treuer Nachfolge auf und manchmal antwortet jemand darauf.

Anthony Norris Groves (1795–1853)
Anthony Norris Groves war der erste Missionar, der von den Brüdergemeinden aus nach Asien ging. Als wohlhabender Zahnarzt, der er war, ließ er Luxus und Ansehen hinter sich, um das Evangelium in Bagdad und Indien zu predigen. Er praktizierte die Prinzipien christlicher Hingabe. Somit bewies er, dass es möglich war, die Lehre des Herrn wörtlich zu nehmen. Er lehrte als höchstes Lebensziel die Verherrlichung des Herrn; wir sollten alles, was wir haben, daransetzen, um dieses hohe Ziel zu erreichen. Das Motto eines Christen sollte sein: »Arbeite hart, verbrauche wenig, gib viel und das alles für Christus.« In seiner radikalen Jüngerschaft glaubte er, dass Schätze sammeln auf Erden gerade so im Gegensatz zum Wort Gottes steht wie Ehebruch. Wer kann das dementieren, wenn die Bibel beides verbietet?

John Nelson Darby (1800–1882)

John Nelson Darby, ein Zeitgenosse von Groves, hatte den gleichen Geist der Selbstaufopferung. Er wanderte durch die irische Hügellandschaft von Wicklow und erlebte, wie Hunderte von Katholiken für Christus gewonnen wurden. Er predigte 26 Jahre lang auf dem Kontinent, ohne seinen Koffer auszupacken. Überall wo er hinkam, entstanden neutestamentliche Gemeinden. Tagelang lebte er nur von Milch und Nüssen. Einmal saß er in einer billigen italienischen Pension und sang: »Jesus, mein Kreuz hab' ich aufgenommen, alles verlassen, um Dir zu folgen.« Seine Reisen führten ihn in die meisten Teile der englischsprechenden Welt. Er übersetzte die Bibel ins Französische, Deutsche und Englische und seine eigenen Schriften füllen über 34 Bände. Gott gebrauchte ihn, um die Unterscheidung zwischen den Zeitaltern zu lehren, die Wahrheit der Entrückung der Gemeinde wieder ans Licht zu bringen und das allgemeine Priestertum hervorzuheben. Dwight L. Moody und C. I. Scofield wurden von seiner Lehre stark beeinflusst. Auch auf Bibelschulen in den Vereinigten Staaten hatten seine Lehren eine große Wirkung. Wenige Menschen seit dem Apostel Paulus hatten so einen weitreichenden Dienst. Seine Philosophie war: »Ach, die Freude, nichts zu haben, nichts zu sein, nichts zu sehen als den auferstandenen Christus in Herrlichkeit und sich um nichts als um Seine Interessen hier unten kümmern zu dürfen.«

Georg Müller (1805–1892)

Georg Müller ist weit bekannt wegen seines Waisenhauses in Bristol, England. Es wurde durch Glauben geführt, niemals wurden die finanziellen Nöte bekannt gegeben. Es war Müllers Absicht, den Bewohnern von Bristol zu beweisen, dass es einen Gott im Himmel gibt, der Gebete beantwortet. Eines Tages fragte Arthur Pierson ihn: »Welches ist das Geheimnis Ihrer großen Arbeit und der wundervollen Dinge, die Gott durch Sie getan hat?« Müller schaute einen Augenblick auf, dann senkte er seinen Kopf immer tiefer, bis er fast zwischen seinen Knien war. Er schwieg einige Momente und sagte dann: »Vor vielen Jahren gab es einen Tag in meinem Leben, an dem Georg Müller starb. Als junger Mann hatte ich viele Ambitionen, aber es kam ein Tag, als ich all diesen Dingen starb und ich sagte ›von nun an, Herr Jesus, Dein Wille, nicht der meine‹ und von diesem Tag an begann Gott, in mir und durch mich zu arbeiten.«

David Livingstone (1813–1873)
Die Hingabe David Livingstones an Christus macht seine Größe aus. Die Welt feiert ihn als Forscher und Gegner des Sklavenhandels, aber in Wirklichkeit zählte nur seine Aufopferung für den Herrn. Seine Arbeit in Afrika ist ein Glanzlicht der christlichen Mission. Seine Demut aus ungeteiltem Herzen dem Herrn gegenüber kommt in seinem Motto zum Ausdruck: »Ich will auf nichts, was ich habe oder besitze, Wert legen außer in Verbindung mit dem Königreich Gottes.« Als er 59 war, schrieb er: »Mein Jesus, mein König, mein Leben, mein Alles; ich weihe Dir wieder mein ganzes Sein.« Das Wort ›Urlaub‹ gab es in seinem Wortschatz nicht. Einmal schrieb er an eine Missionsgesellschaft, er wäre bereit, überallhin zu gehen – vorausgesetzt es

ginge vorwärts. Eines Tages fanden ihn seine afrikanischen Brüder auf den Knien – tot. Sein Herz wurde in Afrika begraben und sein Körper in der Westminster Abbey beigesetzt. Die Inschrift dort lautet: »Dreißig Jahre lang verbrachte er in unermüdlicher Evangelisation.«

Frances Ridley Havergal (1836–1879)
Ein Biograf von Frances Havergal schrieb über sie: »Sie hatte keinen der gewöhnlichen Ruhmestitel. Was sie auszeichnete, war die Vollkommenheit ihrer geistlichen Erfahrung ... Sie war rückhaltlos und unbegrenzt hingegeben. Sie hatte das Geheimnis des Verzichts entdeckt und sie überließ sich Gott bis zum Äußersten. Demzufolge erreichten und bewegten ihre Schriften viele Seelen mit durchdringender Kraft.«[1]

Als sie einundzwanzig war, sah sie das Gemälde von Christus Ecce Homo in der Kunstgalerie in Düsseldorf. Sie war so bewegt, dass sie ihr erstes Lied schrieb:

Ich gab für dich mein Blut,
Ging durch Gericht und Tod,
Ich hing dort dir zugut,
Versöhnte dich mit Gott.
Ich gab mein Leben hin für dich,
Und was gibst du nun dran für mich?

Ich ließ die Herrlichkeit,
Den Thron, mein Herrschersein,
Kam in die Dunkelheit,
Verachtet und allein.
Ich ließ das alles auch für dich,
Verlässt du alles auch für mich?

Ich sank in Todesnacht,
In unsagbare Pein,
Um dich aus Teufelsmacht
Und Hölle zu befrei'n.
Ich trug das alles, Mensch, für dich,
Und was nun trägest du für mich?

Ich bracht' aus Gottes Schoß
Ein volles, freies Heil,
Und Lieb' unendlich groß
War dir durch mich zuteil.
So reiche Gaben bracht' ich dir,
Und was bringst du nun mir dafür?

Nach 17 Jahren zog sie die Bilanz ihres Lebens in sechs Versen, von denen jeder eine aktuelle Erfahrung ihres Lebenswegs beschrieb:

Nimm mein Leben, Jesu Dir
Übergeb' ich's für und für,
Nimm Besitz von meiner Zeit,
Jede Stund' sei Dir geweiht!

Nimm Du meine Hände an,
Zeig' mir, wie ich dienen kann;
Nimm die Füße, mach' sie flink,
Dir zu folgen auf den Wink!

Nimm die Stimme, lehre mich
Reden, singen nur für Dich;
Nimm, o Herr, die Lippen mein,
Lege Deine Worte drein!

Nimm mein Gold und Silber hin,
Lehr' mich tun nach Deinem Sinn;

Nimm die Kräfte, den Verstand
Ganz in Deine Meisterhand!

Nimm, Herr, meinen Willen Du,
Dass er still in Deinem ruh';
Nimm mein Herz, mach' hier es schon
Dir zum Tempel und zum Thron!

Nimm Du meiner Liebe Füll';
Jesu, all mein Sehnen still';
Nimm mich selbst uns lass mich sein
Ewig, einzig, völlig Dein!

(deutsch von Dora Rappard)

Hudson Taylor (1832–1905)
Hudson Taylor war der Begründer der China Inland Mission (jetzt ÜMG). Er war derjenige, der das Innere Chinas für das Evangelium öffnete. Er identifizierte sich mit den Chinesen in Kleidung, Ernährung und in allem, was überhaupt möglich war. Sein Werk wurde durch Glauben getragen; er glaubte, dass Gott für das Finanzielle sorgt, wenn Er etwas befiehlt. Er musste sich keine Unterstützung erbetteln. In diesem Vorgehen folgte er Georg Müller, der übrigens die Arbeit Taylors großzügig unterstützte.

Charles Haddon Spurgeon (1856–1917)
Charles Haddon Spurgeon »der König der Prediger«, füllte große Auditorien schon, bevor er zwanzig war. Seine gedruckten Predigten erfreuen sich immer noch großer Beliebtheit, genauso wie seine ›Schatzkammer Davids‹ (über die Psalmen) und seine Morgen- und Abendandachten. Wie so viele der erwählten Gottes-

knechte war er von Krankheit geplagt und legte seine Bibel zum letzten Mal 1892 nieder.

C. T. Studd (1862–1931)
C. T. Studd kam in einem wohlhabenden englischen Haus zur Welt. Sein Vater wurde durch Moody's Predigten errettet und ein Jahr später vertraute sich C. T. Studd Christus an. An der Universität war er ein Kricketspieler und einer der Sieben von Cambridge. Sein Lebensmotto war: »Wenn Jesus Christus für mich gestorben ist, kann mir kein Opfer für Ihn zu groß sein.« Diese Überzeugung führte ihn in den Dienst nach China, Indien und Afrika. Er war einer der »Außergewöhnlichen Gottes«, einer von denen, die viel für den Herrn taten. Er begründete den Weltweiten Evangeliums-Kreuzzug (WEC). Anstatt seinen Lebensabend in der Heimat zu verbringen, zog er es vor, in Afrika zu bleiben, wo er auch starb.

Amy Carmichael (1867–1951)
Amy Carmichael gab ihr Leben, um unter indischen Mädchen zu dienen, die sonst Tempelprostituierte hätten werden sollen. Nach irischer Art besaß sie eine immense Charakterstärke sowie Führungsqualitäten. Das Ausmaß ihrer Hingabe an Christus kann man am Besten aus ihren Schriften ersehen.

> »Die Eide Gottes liegen auf mir. Ich darf nicht verweilend im Schattigen spielen, noch irdische Blumen mir pflücken, bis ich mein Werk vollendet habe und Rechenschaft davon gegeben.«

An anderer Stelle schrieb sie:

Bewahr' mich zu bitten, Herr Jesu, dass ich
Vom Sturm nichts verspüre, der tobt gegen Dich.
Befreie von Furcht, wo es gilt aufzusteh'n,
Erlöse von Angst, wo es heißt: aufwärtsgeh'n.
Vom schmeichelnden Ego, o Hauptmann, befrei'
Den Krieger, dass er ganz Dein Nachfolger sei!

Vor trüglichem Wunsch, es mög' einfacher geh'n,
Vor Aufweichtendenzen bewahr' uns, wir fleh'n;
Denn so wird die Seele nicht kampfesgestählt,
Und so tat es nicht der gekreuzigte Held.
Nimm alles, was trübt mir den Blick in die Höh',
Dass ich Dich, Lamm Gottes, auf Golgatha seh'!

O gib Deine Liebe! Den Weg zeigt sie dann
Und Glauben, den gar nichts entmutigen kann
Und Hoffnung, die keine Enttäuschung verdirbt,
Ein brennendes Herz, dessen Feuer nicht stirbt,
Dass ich nicht versinke in Trägheit und Trott,
sondern hell lodernd brenne, als Flamme für Gott.

William Borden (1887–1913)

William Borden gab wie C. T. Studd Luxus und Wohlstand auf, um dem Ruf Christi zu folgen. Seine Hingabe aus vollem Herzen zeigt sich in dem Motto »kein Zaudern, kein Rückzug, kein Bedauern«. Er sagte: »In jedem Herzen ist ein Thron und ein Kreuz. Wenn Christus auf dem Thron ist, ist das Ich am Kreuz; und wenn das Ich – auch nur ein klein wenig – auf dem Thron sitzt, ist Jesus am Kreuz im Herzen dieses Menschen. Wenn Jesus den Thron innehat, wirst du dahin gehen, wohin Er dich führt. Jesus auf dem Thron verherrlicht jede Arbeit und jeden Ort.«

Eric Liddell (1902–1945)
Die Hingabe für den Herrn veranlasste Eric Liddell, den Tag des Herrn genau zu beachten. Bei den Olympischen Spielen 1924 in Paris weigerte er sich unerbittlich, den Hundertmeterlauf, für den er sich qualifiziert hatte, zu laufen, weil er an einem Sonntag stattfand. Manche nannten ihn einen Verräter Schottlands und Britanniens. Die britischen Sportfunktionäre waren entsetzt. Aber er ließ sich nicht bewegen. Schließlich war er bereit, den Wettkampf über 400 m zu laufen, obwohl es nicht seine Disziplin war, aber er fand an einem Wochentag statt. Vor dem Wettlauf gab ihm der Mann, der ihn massierte, ein Stück Papier, auf dem zu lesen war: »Im Alten Testament heißt es: ›Denn die mich ehren, werde auch ich ehren.‹« Liddell gewann den Kampf und stellte einen neuen Weltrekord auf. Als er später als Missionar in einem japanischen Internierungslager starb, schrieb eine führende nationale Zeitung: »Schottland hat einen Sohn verloren, der seinem Land an jedem Tag seines Lebens große Ehre erwies.«

Betty Scott Stam (1906–1934)
Als Betty Scott Stam noch auf der Bibelschule war, schrieb sie dieses Gelöbnis vorne in ihre Bibel:

> »Herr, ich gebe meine eigenen Pläne auf, meine ganzen Wünsche, Hoffnungen und Vorhaben (mögen sie fleischlich oder seelisch sein) und nehme Deinen Willen für mein Leben an. Ich gebe mich selbst, mein Leben, mein ganzes Sein endgültig Dir hin, um für immer Dein zu sein. Ich übergebe Dir all

> meine Freundschaften, all meine Liebe. All die Menschen, die ich liebe, sollen den zweiten Platz in meinem Herzen einnehmen. Fülle und versiegle mich mit Deinem Heiligen Geist. Übe Deinen Willen in meinem Leben ganz aus, koste es, was es wolle, jetzt und für immer.« »Denn das Leben ist für mich Christus und das Sterben Gewinn« (Phil. 1,21).

Sie und ihr Mann opferten sich Christus bis zum Äußersten als Missionare in China. 1934 wurden sie geköpft. Ihre Geschichte wird berichtet in »The Triumph of John and Betty Stam«.

Jim Elliot (1927–1956)
Alle, die Jim kannten, wussten, dass er wie ein brennender Busch war – brennend und nicht verzehrt. Ich selbst war zutiefst beeindruckt von seiner unnachgiebigen Intoleranz gegenüber allen Dingen, die zwischen ihm und der Hingabe seines Herzens für Christus standen. Hierin stimmte er mit James Denney überein, der schrieb:

> »Wenn Gott wirklich etwas in Christus getan hat, wovon die Erlösung der Welt abhängt und wenn Er das bekannt gemacht hat, dann ist es Christenpflicht, intolerant allem gegenüber zu sein, das diese Wahrheit ignoriert, leugnet oder wegerklärt.«[2]

Man spürt diese Kompromisslosigkeit in Jims Gebet:

> »Er macht Seine Diener zu einer Feuerflamme. Bin ich nicht entzündbar? Gott, befreie mich von der beängstigenden Asbestschicht von ›anderen Dingen‹. Sättige mich mit dem Öl des Heiligen Geis-

> tes, damit ich brennen kann. Aber eine Flamme vergeht, ist oft kurzlebig. Kannst du, meine Seele, das nicht ertragen – ein kurzes Leben? In mir wohnt der Geist des Großen, der ein kurzes Leben hatte, der von Seinem Eifer für das Haus Gottes verzehrt wurde … Mache mich zu Deinem Brennstoff, Flamme Gottes.[3]

Jims Philosophie war: »Der ist kein Narr, der hingibt, was er nicht behalten kann, um zu gewinnen, was er nicht verlieren kann.« Zusammen mit vier anderen jungen Männern, die für den Herrn brannten, wurde er von den Speeren der Aucas an einem Fluss in Ecuador getötet.

Vierter Teil

Die hohe Berufung zur Hingabe

Kämpfe ums Gold!

Während ich das vorhergehende Kapitel schrieb, lief die Sommerolympiade in Atlanta. Die Welt war Zeuge einiger Musterbeispiele von Hingabe von einem irdischen Standpunkt aus betrachtet. Alle vier Jahre versammeln sich Athleten aus ca. 197 Staaten zu den Sommerspielen. Meistens sind es junge Leute, die Besten, die diese Länder senden können, damit sie an den verschiedenen Disziplinen teilnehmen. Was körperliche Tüchtigkeit und Geschicklichkeit angeht, sind sie Weltklasse. Die Länder vergeuden kein Geld für zweitklassige Sportler. Sie wollen die Besten.

Vorbereitung

Wie werden diese außergewöhnlichen jungen Leute aus der Masse aussortiert? Zweifellos haben sie angeborene Fähigkeiten für ihre Sportart. Ihre Körper wurden genau mit der richtigen Koordination von Verstand und Muskeln erschaffen. Aber das ist nicht genug. Bevor sie zu den Spielen kamen, haben sie fast grenzenlos trainiert. Zum Beispiel wird von einem Schwimmer berichtet, er habe an sechs Tagen die Woche pro Tag zehn Stunden trainiert und das über 17 Jahre hinweg. Die Synchronschwimmerinnen der USA übten ein ganzes Jahr lang täglich sechs Stunden und machten zusätzlich jeden Tag Aerobic-Übungen. Dieses Ausmaß an Disziplin ist typisch für die Sieger. Hinter jeder Gold-, Silber- oder Bronzemedaille stehen Jahre disziplinierten Trainings.

Motivation
Diese Sportler haben eine enorme Motivation. Sie kämpfen ums Gold. Andauernd haben sie den Moment vor Augen, da sie vor den Kampfrichtern erscheinen und ihnen das Siegesband um den Hals gehängt wird. Sie träumen von dem Ruhm, den sie erlangen könnten und von dem Geld, das sie vielleicht durch gewinnbringende Geschäfte und Anlagen bekommen könnten. Sie sonnen sich schon in dem erhofften Applaus der Menge.

Ihr ganzes Denken ist auf einen einzigen Punkt ausgerichtet. Sie verschwenden ihre Zeit nicht für Nebensächlichkeiten. Wenn sie Leichtathleten sind, widmen sie sich dem Ausfeilen der Routineübungen. Kein Schmerz, keine Ermüdung darf sie von ihrem Ziel abhalten. Viele der normalen Beziehungen des Lebens müssen an zweiter Stelle stehen. Ein Gedanke und nur dieser eine beherrscht ihre Gedanken, die Goldmedaille.

Sie haben ihre Körper diszipliniert und sie sich unterworfen. Sie hätten sich ihre Lieblingsspeisen und -getränke gönnen können, aber sie wussten, wenn sie das getan hätten, würden sie nicht gewinnen können. Sie wussten, dass sie in allen Dingen maßvoll sein mussten.

Jede Sportart hat ihre eigene Sprache und die Athleten beherrschen sie. Sie nehmen neue Worte in ihr Vokabular auf. Sie betrachten das als kleinen Preis, den sie zahlen müssen.

Dann kommen die Ausscheidungskämpfe. Einer nach dem anderen muss ausscheiden, bis der beste Kämpfer oder das beste Team sich qualifiziert hat.

Wettkampf
Schließlich kommen die Olympischen Spiele. Das ist der große Moment des Lebens, das Ziel, auf das hin die Sportler gearbeitet und trainiert haben, von dem sie geträumt und das sie erstrebt haben. Wenn sie herauskommen und sich aufstellen, erkennen wir den entschlossenen Ausdruck auf den Gesichtern. Kein dummes, verschämtes Grinsen. Sie sind bereit, das Äußerste zu geben.

Jeder Nerv ist gespannt, jeder Muskel gestrafft. Sie beginnen. Mit der ganzen Entschlossenheit, derer sie fähig sind, geben sie ihr Bestes.

Natürlich müssen sie die Regeln des Wettkampfs einhalten. Jedes Abweichen wird Punktabzug bringen und könnte den Preis kosten.

Sie legen alles Unnötige ab. Das ist nicht der Zeitpunkt für aufsehenerregende Kleidung oder Belastung durch Accessoires, die nur ihr Gewicht vermehren würden.

Viele Sportarten erfordern ein ungeheures Durchhaltevermögen. Diese Körper werden fürchterlich gequält. Aber da gibt es kein Zurückhalten. Kein Schmerz: kein Gewinn. Kein Preis ist ihnen zu hoch.

Ströme von Emotionen werden freigesetzt. Oft brechen die Unterlegenen unter gequältem Schluchzen zusammen. Es scheint so, als ob Jahre der Vorbereitung in einem kurzen Augenblick zerronnen sind. Nur für einige mag es Hoffnung auf eine neue Chance geben.

Eine junge Leichtathletin vollführte ihren letzten Sprung im Teamwettkampf mit einem verstauchten Knöchel. Sie tat es freiwillig. Und das war es wert gewesen, denn sie gewann die Goldmedaille für ihr Team.

Die Sieger erleben einen Moment des Glücks, wenn sie auf dem Treppchen stehen und ihre Nationalhymne erklingt. Mit ihrer Medaille, dem begehrten Preis, gehen sie davon.

Christen, die die Spiele verfolgen, können nicht umhin, eine geistliche Anwendung zu sehen. Die Ähnlichkeiten und Gegensätze sind auffallend.

Gott hält Ausschau nach den besten Kämpfern. In diesem Fall sind die Besten jedoch nicht solche, die die Welt aussuchen würde. Es könnten die sein, die die Welt als töricht, schwach, unedel und verachtet ansehen würde – die Niemande (1. Kor. 1,27.28). Die Besten für Gott sind diejenigen, die Ihm ihr Bestes geben wollen, die Ihn all dessen, was sie sind und haben, wert achten.

Die Jugendzeit ist die beste Zeit für Gott, um an einer Seele zu wirken. Hier ist das Metall noch nicht erhärtet und kann noch geformt werden. Zu dieser Zeit ist die Energie noch groß und der Verstand am schärfsten.

Auch Christen müssen trainieren. Gott ruft uns auf, die Heiligung zu praktizieren. »Er hat nicht Lust an der Stärke des Rosses, noch Gefallen an den Beinen des Mannes; der HERR hat Gefallen an denen, die Ihn fürchten, an denen, die auf Seine Güte harren« (Ps. 147,10-11). Unser Training ist nicht körperlicher Art; es ist geistlich. Für den Gläubigen gilt 1. Timotheus 4,8: »… die leibliche Übung ist zu wenigem nütze, die Gottseligkeit aber ist zu allen Dingen nütze, indem sie die Verheißung des Lebens hat, des jetzigen und des zukünftigen.« Das bedeutet, uns von der Befleckung des Tumults der Welt abzuschotten und Zeit mit dem

Wort, mit Gebet, mit Nachdenken und mit Studieren zu verbringen. Es bedeutet ein Leben in andauerndem Gehorsam dem Wort gegenüber zu führen.

Möglicherweise dachte Paulus an die ursprünglichen Olympischen Spiele, als er schrieb: »Wisset ihr nicht, dass die, welche in der Rennbahn laufen, zwar alle laufen, aber einer den Preis empfängt? Laufet also, auf dass ihr ihn erlanget ... Ich laufe daher also, nicht wie aufs Ungewisse; ich kämpfe also, nicht wie einer, der die Luft schlägt; sondern ich zerschlage meinen Leib und führe ihn in Knechtschaft, auf dass ich nicht, nachdem ich anderen gepredigt, selbst verwerflich werde« (1. Kor. 9,24.26.27).

Beachte, dass Paulus nicht ins Ungewisse lief. Er hatte ein Ziel. Dieses hatte er im Auge und lief geradewegs darauf zu. Er schlug nicht die Luft und vergeudete keine Zeit und Kraft mit unnützen Schlägen. Er versuchte, jeden Augenblick für das Königreich zu nutzen. Er zerschlug seinen Leib und führte ihn in Knechtschaft. Er hätte sein Fleisch befriedigen, seinen Launen und Gelüsten nachgeben können, aber wenn er das getan hätte, wäre er im christlichen Leben niemals siegreich gewesen. Er fürchtete Niederlagen. Nachdem er andere zum Wettkampf aufgefordert hatte, fürchtete er, selbst disqualifiziert zu werden.

Unser Streben sollte auf einen Punkt ausgerichtet sein. Wir sollten auf Jesus sehen, den Anfänger und Vollender unseres Glaubens (Hebr. 12,2). Wir sollten uns beständig vor Ablenkungen hüten. Spurgeon sagte: »Wer Jesus sterben gesehen hat, wird sich niemals Spielereien zuwenden können. Ein Kind, ein Strohhalm, ein wenig Seife und viele schillernde Seifenblasen. Allein das Kreuz kann uns solche Spiele abgewöhnen.«

Wir müssen bereit sein, eine neue Sprache zu erlernen, die Sprache des Himmels. Wir müssen neue Worte in unser Vokabular aufnehmen, Worte wie Rechtfertigung, Heiligung, Versöhnung und Verherrlichung. Möglicherweise werden wir eine Fremdsprache erlernen müssen, um in einem anderen Land zu dienen.

Ausscheidung

Dann kommt die Ausscheidung. Der Ausfall bei der christlichen Olympiade ist ernüchternd. Dr. Paul Beck sagte zu seinem Schwiegersohn in spe: »John, da du dich für den Dienst als Pastor vorbereitest, will ich dir einige Ratschläge geben. Bleibe Jesus treu! Mach es jeden Tag aufs Neue fest, dass dein Herz bei Jesus bleibt. Es ist weit bis dorthin, wo du hingehst und Satan muss sich nicht beeilen, dich zu kriegen. Ich habe beobachtet, wenn zehn junge Leute mit 21 Jahren in den vollzeitlichen Dienst für den Herrn gehen, wird gerade noch ein einziger mit 65 standhaft geblieben sein. Sie kommen entweder moralisch oder durch Entmutigung oder durch liberale Theologie zu Fall; oder durch den Wunsch Geld zu machen … aus diesem oder jenem Grund fallen neun von zehn aus.«[1]

John ging heim und schrieb vorne in seine Scofield-Bibel die Namen von 24 Gleichgesinnten und Kollegen, die Jesus Christus hingegeben waren und vollzeitliche Arbeit für den Herrn anstrebten. Nach 33 Jahren blieben nur noch drei Namen von den anfänglichen 24 übrig.

Howard Hendricks stellte eine Liste von 246 Männern im vollzeitlichen Dienst zusammen, die innerhalb von zwei Jahren moralisch abgeglitten waren. Das sind grob genommen zwei Jahre lang jeden Monat 10 Männer. Alle fingen sie mit großem Ernst an. Über 80 Prozent verstrickten sich sexuell, als sie anderen Frauen seelsorgerlich helfen wollten. Jeder einzelne der 246 war völlig überzeugt, dass mir »so etwas nie passieren könnte«.

Im christlichen Wettlauf müssen wir alles Unnötige ablegen. Das meinte der Schreiber des Hebräerbriefes, als er schrieb: »… lasst auch uns, indem wir jede Bürde und die leicht umstrickende Sünde ablegen, mit Ausharren laufen …« (Hebr. 12,1b). Kein überflüssiges Gepäck. Wir dürfen uns nicht in die Beschäftigungen des Lebens verwickeln lassen (2. Tim. 2,4).

Christus muss an erster Stelle in unserem Leben stehen. Deshalb schrieb Paulus so eindringlich: »Dieses aber sage ich, Brüder: Die Zeit ist gedrängt. Übrigens dass auch die, welche Frauen haben, seien, als hätten sie keine und die Weinenden als nicht Weinende und die sich Freuenden als sich nicht Freuende und die Kaufenden als nicht Besitzende und die der Welt Gebrauchenden als ihrer nicht als Eigentum Gebrauchende; denn die Gestalt dieser Welt vergeht« (1. Kor. 7,29-31).

Wir werden viele Emotionen kennen lernen. Da gibt es Tränen für eine verlorene Welt und wegen des niedrigen geistlichen Zustands der Gemeinde. Da gibt es Tränen wegen unserer eigenen Fehler und Pflichtversäumnisse. Wir weinen, wenn vielversprechende Jünger zurückfallen. Und es gibt Freude wegen eines jeden Triumphs des Evangeliums, wegen eines jeden

Gläubigen, der dem Herrn treu nachfolgt und wegen jeder Gebetserhörung.

Der Richter sitzt auf dem Preisrichterstuhl. In Seiner Hand hat er keine Goldmedaillen. Aber Kronen. Kronen des Lebens. Kronen des Ruhms. Kronen der Gerechtigkeit. Das sind unvergängliche Belohnungen.

Dann wird es keinen Stolz darüber geben, wie man gelebt hat und keine egozentrische Prahlerei. Wenn Er Seine durchgrabene Hand auf die Schulter des Überwinders legt, kann man nur das eine tun: Vor Ihm auf die Knie fallen und die Kronen Ihm zu Füßen niederwerfen. Nur Christus ist würdig!

Was würde passieren, wenn Christen den gleichen Eifer, die gleiche Motivation, Disziplin und Entschlossenheit zeigen würden, wie die olympischen Wettkämpfer? Was würde passieren, wenn unsere jungen Leute genau so viel Zeit mit dem Wort, dem Gebet und dem Dienst für den Herrn verbringen würden, wie die weltbesten Sportler mit ihrem Training? Die Welt würde mit dem Evangelium erreicht werden.

Hingabe kostet etwas

Es ist eine Tatsache im Leben, dass für jeden, der Außergewöhnliches erreichen will, Hingabe notwendig ist. Die Teilnehmer an der Olympiade sind nicht die Einzigen, die endlos üben, rigoros trainieren und sich gewissenhaft disziplinieren müssen. Auf jedem Gebiet muss man dazu bereit sein, das Beste zu geben und geduldig durchzuhalten. Die Medaillen und Orden sind nicht für Pantoffelhelden und Weichlinge mit zähflüssigem Blut bestimmt.

Der Große erreicht seine Gipfel wohl kaum
Im Sturmflug genialer Ideen,
Nein, während die anderen liegen im Traum,
Kämpft er sich durch Nacht zu den Höh'n.

Henry Wadsworth Longfellow

Es sieht so einfach aus

Wir beobachten Musiker im Konzert und bewundern ihren tadellosen Auftritt. Sie spielen oder singen so gekonnt, dass es uns leicht erscheint. Leicht? Was wir nicht sehen, sind die Jahre gezielter Schulung, die nötig waren, um dieses Können zu erlangen. Einmal fragte jemand den berühmten Pianisten Paderewski nach dem Geheimnis seines Erfolgs. Er erwiderte: »Stundenlang und tagelang Tonleitern üben, bis diese armen Finger fast bis auf die Knochen abgewetzt sind.« Und doch war er bereit das zu tun, um ein großer Pianist zu werden.

Oft denke ich an John James Audubon, den großen Künstler und Naturforscher. Nacht für Nacht stand er um Mitternacht auf und ging in die Sümpfe, um das Verhalten von gewissen Nachtvögeln zu studieren. Nach stundenlangem Kauern in Nebel und Dunkelheit betrachtete er es als Belohnung, wenn er nur eine neue Erkenntnis über einen einzigen Vogel gewann. In einem Sommer ging er in die Sümpfe bei New Orleans, um einen scheuen Wasservogel zu beobachten. Das bedeutete, bis zum Hals in morastigem Wasser zu stehen, während Mokassinschlangen an seinem Gesicht vorüberglitten und große Alligatoren vor dem stillen Beobachter hin- und herschwammen. »Es war nicht angenehm«, sagte er mit vor Enthusiasmus glühendem Gesicht, »aber was soll's, ich habe den Vogel im Bild.« Das alles hat er für das Foto eines Vogels ausgehalten.

Berühmte Schriftsteller erzählen, wie sie zu hohen Leistungen kamen. Edward Gibbon verbrachte 26 Jahre damit, das Buch ›Verfall und Untergang des Römischen Reiches‹ zu schreiben. John Milton stand gewöhnlich um vier Uhr morgens auf, um an ›Paradise Lost‹ (›Das verlorene Paradies‹) zu schreiben. Thomas Gray begann 1742 mit seiner ›Elegy in a Country Churchyard‹ (›Elegie auf einem Landfriedhof‹) und beendete sie erst im Juni 1750. Ernest Hemingway sagte, er habe jeden Tag damit begonnen, das, was er bis zum Schlusspunkt geschrieben hatte, zu überarbeiten und zu redigieren. »Auf diese Weise komme ich einige hundert Mal durch ein Buch und schleife es, bis es so scharf wird wie das Messer eines Stierkämpfers. Ich habe den Schluss von ›In einem anderen Land‹ 39 Mal im Manuskript und über 30 Mal im Probeabzug überarbeitet, um es richtig hinzukriegen.« Diese Männer waren bereit, so eine Energie, so einen Eifer und so eine Inbrunst für etwas aufzubringen, das für sie wertvoll war.

Denken wir an die Opfer, die viele Menschen im Berufsleben bringen. Über lange Zeit getrennt von der Familie. Die Unbequemlichkeiten des Reisens. Anpassen an Zeitverschiebung bei Flügen. Die Einsamkeit der Hotelzimmer. Fremde Sprachen. Extreme Wetterbedingungen und unbekannte Speisen. Das alles tun sie für Geld.

Blut, Schweiß und Tränen

Hingabe ist der Stoff, aus dem Forscher gemacht sind. Ernest Shackleton, der berühmte Forscher der Antarktis, setzte den folgenden Artikel in eine Londoner Zeitung:

> Männer für gefährliche Reise gesucht. Niedriger Lohn. Bitterkalt. Lange Monate vollständiger Dunkelheit. Sichere Rückkehr zweifelhaft. Anerkennung und Ruhm im Falle des Erfolgs.

Über 600 Männer meldeten sich. Militärische Befehlshaber brauchen keine Schokoladensoldaten, die beim ersten Anblick von Blut ohnmächtig werden. Garibaldi stand auf den Stufen des Petersdoms in Rom und sagte zu den Männern um ihn: »Ich biete euch weder Bezahlung noch Versorgung an. Ich biete euch Hunger, Durst, Gewaltmärsche, Schlachten und Tod. Die sollen mir folgen, die ihr Land mit dem Herzen und nicht nur mit den Lippen lieben.« Wagen wir es, dem Herrn Jesus Christus weniger anzubieten?

Als ein Golfspieler Babe Didrickson Zaharias fragte, wie er seinen Schlag perfektionieren könnte, sagte sie lachend: »Ganz einfach, zuerst schlagen Sie tausend Golfbälle. Sie schlagen sie, bis Ihre Hände bluten und Sie nicht mehr schlagen können. Am nächsten Tag fangen Sie von vorne an und am folgenden und übernächsten Tag auch. Und vielleicht sind Sie dann nach einem Jahr in der Lage, 18 Löcher zu spielen. Danach spielen Sie jeden Tag, bis schließlich der Punkt erreicht ist, wo Sie wissen, was Sie tun, wenn Sie den Ball schlagen.«

Schauspieler und Schauspielerinnen brauchen viel Hingabe, um ihre Rolle auswendig zu lernen und zu wiederholen, bis jede Bewegung und jede Geste sitzt. Über Wochen ertragen Archäologen die stechende Sonne auf der Suche nach ein paar Tonscherben. Die in der Forschung Engagierten vergessen Zeit und Kalender, indem sie wie besessen nach einem neuen wissenschaftlichen Durchbruch suchen. So könnte man die Liste beliebig fortsetzen.

Was ist mit uns?

All dies ist beunruhigend für diejenigen, die Nachfolger des Christus von Golgatha sind. Wir haben den größten Herrn, dem man nachfolgen kann. Wir haben die großartigste Botschaft zu verkündigen. Und wir haben das höchste Ziel, für das man leben und sterben kann. Wenn Männer und Frauen sich aufarbeiten für Anerkennung, Ehren, finanziellen Gewinn, für den eigenen Erfolg und aus Liebe zur Heimat, wie viel mehr sollten wir gewillt sein, Ihm alles zu geben?

Douglas Hyde vergleicht in seinem Buch ›Dedication and Leadership‹[1] (Hingabe und Leiterschaft) die Kommunisten mit den Christen:

> »Für Christen liegt echte Tragik darin – dass Leute mit solchen Möglichkeiten so viel Energie, Eifer und Hingabe für solche Ziele opfern, während die Gläubigen doch das beste Ziel der Welt haben und oft so wenig dafür geben. Und christliche Leiter scheuen sich oft, sie um mehr als das äußerste Minimum zu bitten.
>
> Die Christen mögen sagen, dass die Kommunisten die schlechteste Überzeugung der Welt haben. Aber was sie anerkennen müssen, ist, dass die Kommunisten sie von den Dächern herunterschreien, während die Gläubigen allzu oft die beste Botschaft mit Flüsterstimme weitergeben, wenn sie überhaupt den Mund aufmachen.«

Ein Artikel im Harvester Magazine[2] stellte die gleiche Ungereimtheit heraus:

> »Viele von uns bekannten, den Herrn Jesus Christus zu lieben und möchten Ihm dienen, aber sie werden im Vergleich mit den hingegebenen Menschen der Welt beschämt. So viele Dienste in der christlichen Arbeit werden halbherzig verrichtet. Sie werden wie notwendige Aufgaben erledigt, aber in der Vorbereitung scheint wenig Anstrengung und in der Ausführung wenig Freude zu liegen. Ein Lehrer der Sonntagsschule kommt mit wenigen Minuten der Vorbereitung und des Gebets aus und dann wundert er sich, warum da so wenig Frucht ist. Ein Prediger durchsucht seinen Schatz nach einer alten

Predigt und glaubt, das würde für den nächsten Sonntag genügen, da ja doch wenige in der Versammlung sich ihrer erinnern würden und er zerbricht sich den Kopf, warum seine Zuhörer so unbeteiligt sind. Meistens beten wir nicht so, wie wir sollten, denn Beten ist harte Arbeit und dann sind wir bestürzt, wenn wir keine Gebetserhörungen erleben. Geistliche Faulheit ist verantwortlich für große geistliche Armut.«

Gott will das Beste

Ein goldener Faden durchläuft die Bibel, eine Wahrheit, die beständig in dem Gewebe der Schrift wiederkehrt. Diese Wahrheit ist: Gott will das Erste und das Beste. Er will den ersten Platz in unserem Leben haben und er will das Beste, was wir Ihm bringen können.

Makellos

Als der Herr das Passah einsetzte, gebot er den Juden, ein Lamm ohne Fehl zu bringen (2. Mo. 12,5). Niemals durften sie ein Tier opfern, das lahm oder blind war oder sonst irgendein Gebrechen hatte (5. Mo. 15,21; 17,1). Das wäre abscheulich gewesen.

Es sollte uns klar sein, dass Gott keine Tiere als Opfer braucht. Jedes Tier des Waldes gehört Ihm und das Vieh auf tausend Bergen (Ps. 50,10). Warum hat Er dann angeordnet, dass Ihm nur fehlerlose Tiere geopfert werden sollten? Er tat es um unseretwillen, nicht um Seinetwillen. Er tat es als eine Gegenstandslektion, um Sein Volk zumindest eine grundsätzliche Wahrheit zu lehren: Sie können Freude, Zufriedenheit und Erfüllung nur finden, wenn sie Ihm den angemessenen Platz in ihrem Leben einräumen.

Erstgeboren

In 2. Mose 13,2 befahl Gott Seinem Volk, Ihm alle erstgeborenen Söhne und erstgeborenen Tiere zu heiligen: »Heilige mir alles Erstgeborene, was irgend die

Mutter bricht unter den Kindern Israel, an Menschen und an Vieh; es ist mein.«

Das Erstgeborene steht für das Allerbeste und am meisten Geschätzte. So sprach Jakob von Ruben, seinem Erstgeborenen: »Ruben, mein Erstgeborener bist du, meine Kraft und der Erstling meiner Stärke!« (1. Mo. 49,3). Der Herr Jesus wird »der Erstgeborene aller Schöpfung« (Kol. 1,15) genannt, in dem Sinn, dass Er der Vorzüglichste ist und dass Er den Platz der höchsten Ehren über alle Schöpfung innehat.

Als Gott Seinem Volk gebot, Ihm die erstgeborenen Söhne zu heiligen, berührte Er einen sehr empfindsamen Nerv, weil in einer patriarchalen Kultur der älteste Sohn einen besonderen Platz der Zuneigung in den Herzen seiner Eltern hatte. Es war tatsächlich alles so gemacht, um sie zu lehren:

> Herr, auch das Höchste, was ich weiß,
> Was mich am schönsten ziert,
> Hilf, dass ich's von dem Throne reiß',
> Der dir allein gebührt.

Unbekannter Dichter

Erstlingsfrüchte

Als Nächstes gebot Gott den Bauern: »Das erste der Erstlinge deines Landes sollst du in das Haus des HERRN, deines Gottes, bringen« (2. Mo. 23,19). Wenn das Getreide zu reifen anfing, musste der Bauer aufs Feld hinaus gehen, einen Arm voll des ersten reifen Korns ernten und es als Gabe dem Herrn darbringen. Diese Gabe der Erstlingsfrucht bestätigte Gott als den Geber der Ernte und war ein Zeichen dafür, dass Er bekommen würde, was Ihm gebührt. Wieder ist ersichtlich, dass Gott nicht das Korn brauchte, sondern die Menschen brauchten eine beständige Erinnerung daran, dass der Herr des Ersten und Besten wert war.

Wenn Opfertiere geschlachtet wurden, durften die Priester manchmal bestimmte Teile davon für sich nehmen, andere Teile durften von den Opfernden gegessen werden, aber das Fett wurde immer dem Herrn geopfert (3. Mo. 3,16). Das Fett wurde als der reichste und beste Teil des Tieres angesehen und deshalb gehörte es Ihm. Nur das Beste war gut genug für Ihn.

Manche der freundlichen Gebote Gottes waren dazu bestimmt, die Gesundheit Seines Volkes sicherzustellen. Hier könnte zum Beispiel das Verbot, das Fett zu essen, die Menschen vor Arteriosklerose bewahrt haben, die, wie man glaubt, durch zu hohes Cholesterin verursacht wird. Aber die hauptsächliche Absicht dieses Gesetzes war, die Menschen zu lehren, Gott das Beste zu geben.

Der erste Teig

Die Verpflichtung, Gott an die erste Stelle zu setzen, erstreckte sich auf jeden Lebensbereich, nicht nur auf den Platz der Anbetung, sondern genau so auch auf die Küche. Das Volk Gottes sollte einen Kuchen von ersten Teig als Hebopfer opfern: »Von dem Erstling eures Schrotmehls sollt ihr dem HERRNein Hebopfer geben, bei euren Geschlechtern« (4. Mo. 15,21b). Einen Teig zu kneten scheint eine weltliche Aufgabe zu sein, nicht eine besonders geistliche. Aber indem ein gottesfürchtiger Jude das erste Gebäck eines Teigs dem Herrn opferte, verdeutlichte er, dass Gott in allen Dingen des Lebens den ersten Platz haben musste. Hierin zeigte sich auch, dass es keinen Unterschied zwischen Weltlichem und Geheiligtem gab. Während es auf der Hand lag, dass Gott das Gebäck nicht brauchte, musste der Herr doch als Geber des täglichen Brotes geehrt werden.

Dieses Prinzip erkennen wir in einer Instruktion für die Leviten: »Von allem euch Gegebenen sollt ihr alles Hebopfer dem HERRN geben, von allem Besten desselben das Geheiligte davon« (4. Mo. 18,29). Da wir alle dem Gegenstand unserer Anbetung ähnlich werden, ist es äußerst wichtig, Gott eine angemessene Wertschätzung zukommen zu lassen. Niedrige Gedanken über Gott sind schädlich. Nur wenn die Geschöpfe ihrem Schöpfer den Platz einräumen, den Er verdient, werden wir uns über unser Fleisch und Blut erheben und die Würde erlangen, für die wir bestimmt sind.

Wenn wir diesem goldenen Faden im Alten Testament folgen, sehen wir, dass diese Lektion angewendet wurde, als Elia die verarmte Witwe in Zarpat traf (1. Kön. 17,7-24). Er bat die Frau um ein wenig Wasser und einen Bissen Brot. Sie entschuldigte sich, sie habe nur eine Handvoll Mehl im Topf und ein wenig Öl im Krug, gerade genug, um ein letztes Mahl für ihren Sohn und sich selbst zu bereiten, bevor sie verhungern würden.

»Fürchte dich nicht!«, sagte der Prophet. »Gehe hinein, tue nach deinem Wort; doch bereite mir zuerst einen kleinen Kuchen davon und bringe ihn mir heraus; und dir und deinem Sohn bereite danach.«

Nun, das sieht aus wie eine schockierende, selbstsüchtige Bitte, nicht wahr? Es scheint, der Prophet habe schlechte Manieren gehabt. Zu sagen: »Bediene mich zuerst« ist gefühllos und verletzt die Höflichkeit.

Aber wir müssen verstehen, dass Elia hier Gottes Vertreter war. Er stand dort an Gottes Platz. Er war nicht schuldig, selbstsüchtig oder grob zu sein. Was er meinte, war: »Schau, ich bin ein Prophet Gottes. Wenn Du mich zuerst bedienst, gibst Du wirklich Gott den ersten Platz und solange Du das tust, wirst Du niemals Mangel am Notwendigen für Dein Leben haben. Dein Mehl im Topf soll nicht ausgehen und das Öl im Krug nicht abnehmen.« Und genau so ist es gewesen.

Salomo verstärkte den früheren Anspruch Gottes an unser Leben mit den bekannten Worten: »Ehre den HERRN von deinem Vermögen und mit den Erstlingen all deines Ertrages« (Spr. 3,9). Das bedeutet, dass wir jedesmal, wenn wir eine Gehaltserhöhung bekommen, uns vergewissern, dass der Herr Seinen Anteil bekommt.

Zuerst das Reich Gottes

Ins Neue Testament hinüberwechselnd hören wir den Herrn Jesus, wie er darauf besteht, dass Gott den ersten Platz bekommt: »Trachtet aber zuerst nach dem Reiche Gottes und nach seiner Gerechtigkeit und dies alles wird euch hinzugefügt werden« (Mt. 6,33). Es ist die gleiche Wahrheit, die Elia der Witwe mitteilte: Wer dem Herrn den höchsten Platz in seinem Leben gibt, der wird sich niemals um die grundlegenden Dinge zum Leben sorgen müssen.

Vielleicht kennen wir das Vaterunser (Mt. 6,9-13) zu gut, sodass wir die Bedeutung der Reihenfolge darin nicht beachten. Sie lehrt uns, Gott an die erste Stelle zu setzen (»Unser Vater, der du bist in den Himmeln, geheiligt werde dein Name«) und auch Seine Interessen (»Dein Reich komme, dein Wille geschehe, wie im Himmel also auch auf Erden«). Erst dann und nicht früher werden wir aufgefordert, unsere persönlichen Bitten vorzubringen (»Unser tägliches Brot gib uns heute« usw.).

Gott, der Vater, muss den allerhöchsten Platz bekommen und so auch der Herr Jesus als eine Person der Gottheit. So lesen wir: »… auf dass er in allem den Vorrang habe« (Kol. 1,18).

Der Erlöser machte eindeutig klar, dass die Liebe der Menschen zu Ihm so groß sein muss, dass alle anderen Liebesbeziehungen im Vergleich dazu wie Hass erscheinen. »Wenn jemand zu mir kommt und hasst nicht seinen Vater und seine Mutter und sein Weib und seine Kinder und seine Brüder und Schwestern, dazu aber auch sein eigenes Leben, so kann er nicht mein Jünger sein« (Lk. 14,26). Jesus muss in unserer Liebe an erster Stelle stehen.

Fehlerhafte Opfer

Nun bekommt der Herr leider nicht immer das Erste und Beste von den Seinen. In den Tagen Maleachis hatte ein Bauer, als es Zeit war, dem Herrn zu opfern, die besten Tiere für die Zucht oder zum Verkauf zurückbehalten und gab dem Herrn die Fehlerhaften. Er sagte, dass die schlechten Tiere für den Herrn genügen. Der Gewinn im Handel stand bei ihm an erster Stelle. Deshalb donnerte Maleachi: »Und wenn ihr Blindes darbringet, um es zu opfern, so ist es nichts

Böses; und wenn ihr Lahmes und Krankes darbringet, so ist es nichts Böses. Bringe es doch deinem Landpfleger dar: Wird er dich wohlgefällig annehmen oder Rücksicht auf dich nehmen?« (Mal. 1,8)!

Eine Mutter, die Christin war, arbeitete fieberhaft in der Küche, während ein Prediger sich mit ihrem Sohn im Wohnzimmer unterhielt. Der Prediger stellte die wunderbaren Möglichkeiten in der Arbeit für den Herrn in Aussicht, die den Gaben des jungen Mannes entsprachen. Da kam eine grelle Stimme aus der Küche: »Sprechen Sie nicht so mit meinem Sohn. Das ist nicht, was ich für ihn geplant habe.« Eines Abends stellte ein christlicher Kaufmann seinem Sohn seine Ziele vor: Eine der besten Universitäten, eine ansehnliche Karriere im Geschäftsleben und einen bequemen Ruhestand. Der Sohn war nicht interessiert. Er wollte sein Leben im Dienst für den Herrn zubringen. Sie sprachen bis in die Nacht hinein, ohne zu einem Ergebnis zu kommen. Schließlich sagte der Sohn: »Also, Papa, möchtest du, dass ich weiter mit dem Herrn lebe oder nicht?« Der Vater sagte später zu mir: »Das war das Ende der ganzen Argumentation.«

Einen besseren Rat gab Spurgeon seinem Sohn: »Mein Sohn, wenn Gott dich aufs Missionsfeld ruft, wäre ich sehr enttäuscht, wenn Du dich herablässt und stattdessen nur ein König würdest.«

Wie steht es mit uns?

Wie ist es heute? Wie können wir dem Herrn das Erste und Beste geben? Wie können wir dieses Prinzip in unserem Leben verwirklichen?

Wir können es an unserem Arbeitsplatz tun, indem

wir unseren Vorgesetzten gehorchen; indem wir unsere Arbeit von Herzen als für den Herrn tun und nicht für Menschen; indem wir erkennen, dass wir damit dem Herrn Christus dienen (Kol. 3,22.24). Wenn die Anforderungen der Arbeit Priorität über die Ansprüche des Herrn erlangen, müssen wir tatsächlich bereit sein, zu sagen: »Bis hierher und nicht weiter und hier sollen die Wogen deines Stolzes enden.« Wir sollten bereit sein, mehr für den Erlöser zu tun, als wir jemals für eine Firma tun würden.

Wir können es in der Familie tun, indem wir eine Familienandacht halten, wo wir die Bibel lesen und zusammen beten. Ja – wir können es tun, indem wir unsere Kinder für den Herrn erziehen, nicht für die Welt, für den Himmel und nicht für die Hölle.

Mach, dass auch deine Kinder
Eeinst zeugen von dem Licht,
Halt an in ernstem Flehen,
Halt an, ermüde nicht.
Setz ruhig dein Vermögen
Für diese Sache ein.
Der Herr wird's dir vergelten,
Wenn du ziehst droben ein.

Mary A. Thomson

Wir können es in unserer örtlichen Gemeinde tun, indem wir treu die Zusammenkünfte aufsuchen und begeistert mitarbeiten. George Mallone erzählt von einem Ältesten, der eine Einladung zu einem Dinner des Präsidenten im Weißen Haus ausschlug, weil seine Aufgaben als Ältester ihn an diesem Abend nicht freikommen ließen. Nachdem Michael Faraday einen brillanten Vortrag über das Wirken und die Eigenschaften des Magnets gehalten hatte, schlug die Zuhörerschaft nach langem Applaus eine offizielle Ehrung als Gratulation vor. Aber Faraday war nicht mehr anwesend, um sie zu empfangen. Er hatte sich aus dem Staub gemacht, um an einer Gebetsstunde in seiner Gemeinde teilzunehmen, eine Gemeinde, die nie mehr als 20 Mitglieder hatte.

Wir können Gott an die erste Stelle in der Verwaltung unseres Besitzes setzen. Wir tun das, wenn wir einen einfachen Lebensstil annehmen, damit der Überschuss der Arbeit des Herrn zufließen kann. Wir tun das, wenn wir uns um solche kümmern, die geistliche und körperliche Nöte haben. Kurz gesagt, wir tun es, wenn wir für Gott und für die Ewigkeit investieren.

Aber die größte Möglichkeit, Gott den ersten Platz einzuräumen ist, wenn wir Ihm unser Leben widmen, wenn wir uns Ihm nicht nur zur Errettung, sondern auch zum Dienst hingeben. Nichts weniger als das reicht aus, wenn wir daran denken, was Er alles für uns getan hat.

Das Blut Deines Körpers und Deiner Hände
Gabst Du, Herr, als Opfer für mich.
Dein Leiden erfordert ohn' Ende
Mein Leben als Opfer für Dich.

J. Sidlow Baxter

Was hindert uns an der Hingabe?

Der Logik der Hingabe kann man sich nicht entziehen. Denk wieder daran, was der Mensch gewordene Gott am Kreuz getan hat.

- Er starb als Stellvertreter für Dich und mich.
- Er tat die Sünde hinweg, weil Er Sich selbst opferte.
- Gott der Vater legte unsere Sünden auf Seinen göttlichen Sohn und Er trug die Strafe.
- Er vergoß Sein Blut, um uns am Sklavenmarkt der Sünde freizukaufen.
- Es ist gar nicht möglich, die Tatsache zu sehr zu betonen, dass Gott als Mensch dort für uns starb, damit wir die Ewigkeit mit Ihm im Himmel verbringen können.

Der Tod unseres Schöpfers auf Golgatha ist einzigartig. Nichts dergleichen hat sich je zuvor ereignet und nichts Vergleichbares wird je wiederholt werden. Dass Er bereit war, für sündige Geschöpfe zu sterben, übersteigt jede Vorstellungskraft. Dieser Gedanke ist zu kühn, um von Menschen ersonnen zu werden, zu Ehrfurcht gebietend, als dass ein menschliches Gehirn ihn fassen könnte. Es war Liebe ohnegleichen, Gnade über jedes Maß hinaus und ein Opfer, das keine Grenzen kannte.

Die unbeseelte Schöpfung reagierte auf die Erhabenheit dieses Geschehnisses. Finsternis bedeckte das Land. Felsen zerrissen. Die Erde erbebte. Grüfte taten sich auf. Der Vorhang des Tempels zerriss von oben nach unten. Ein einziges menschliches Wesen erkannte blitzartig das Wunder in all dem, was da vorging: Der römische Hauptmann, der sagte: »Wahrhaftig! Dieser war Gottes Sohn.«

Im Vergleich mit Golgatha versinken alle anderen Geschehnisse in Bedeutungslosigkeit. Alle anderen Tode waren geringfügig. Alle anderen Stunden waren belanglos. Und alles geschah für Dich und für mich.

Unsere vernünftige Antwort

Auf diese Logik gibt es nur eine passende Antwort:

> O Jesu, Herr und Meister,
> Ich geb' mich völlig Dir;
> Denn Du gabst als Erlöser
> Dich selbst auch völlig mir.
> Ich bin nicht mehr mein Eigen,
> Du wollst der König sein.
> Mein Leben ich geb', mit allem ich streb'
> O Herr, für Dich allein.
>
> Thomas O. Chisholm

Warum übergibt sich nicht jeder Christ und jede Christin völlig dem Herrn Jesus Christus? Offen gesagt, weil wir nicht logisch denken. Unsere Gedanken sind verdreht durch Ängste und Lügen. Lasst uns einige davon ans Licht bringen.

Furcht vor Gottes Willen

Wir fürchten das, was Gott von uns verlangen könnte. Erstaunlich viele Christen denken, wenn sie sagen: »Nimm mein Leben«, wird Gott automatisch antworten: »Geh aufs Missionsfeld.« Für sie ist der Wille Gottes immer gleichbedeutend mit missionarischer Arbeit im Ausland. Sie denken, das ist der einzige Ruf, den Gott an hingegebene Jünger richtet. In ihren Köpfen tauchen Visionen von Schlangen, Sümpfen, Skorpionen, Spinnen und von stickiger Feuchtigkeit auf. Es ist das schrecklichste Leben, das man sich vorstellen kann.

Solch eine Angst offenbart eine seichte und entehrende Vorstellung von der Kreativität unseres Gottes. Weit entfernt von nur einer Möglichkeit hat Er eine unbegrenzte Anzahl von Plänen für Menschen, die Ihm ergeben sind. Er ist ein Gott von unbegrenzter Schöpferkraft oder, wie jemand sagte »von erstaunlicher Phantasie«. Er »ergötzt uns mit Seiner unglaublichen Vielfalt«.

Diese Angst übersieht auch, dass es nicht Gottes Art ist, widerstrebende Wehrpflichtige zu etwas zu zwingen. Seine Kämpfer sind Freiwillige. Paulus erinnert uns in Philipper 2,13: »Denn Gott ist es, der in euch wirkt sowohl das Wollen als auch das Wirken, nach seinem Wohlgefallen.« Mit anderen Worten legt Er zuerst den Wunsch in unser Herz und dann gibt Er uns die Fähigkeit, ihn auszuführen. Das bedeutet, wenn ein Mann oder eine Frau im Willen Gottes wandelt, tut dieser Mensch gerade das, was er am liebsten tun will. Es ist für ihn die Erfüllung eines Traumes.

Furcht davor, was Gott uns nehmen wird

Einige von uns fürchten, dass Gott uns unser Liebstes rauben will. Wann werden wir begreifen, dass Er nicht kommt, um uns zu bestehlen, zu töten oder zu verderben? Er kommt nicht als ein Räuber. Er kommt, um im Überfluss zu geben. Er wird »kein Gutes vorenthalten denen, die in Lauterkeit wandeln« (Ps. 84,11).

Er nimmt uns nur die Dinge, die für unser zeitliches und ewiges Wohl von Nachteil sind. Zum Beispiel befreit Er uns von der Schuld, der Strafe und der Macht der Sünde. Er erlöst uns von dieser gegenwärtigen bösen Welt und von dem zukünftigen Zorn. Für diese segensreichen Verluste sollten wir in Ewigkeit dankbar sein.

Es ist nicht sinnvoll, sich vor dem Willen Gottes zu fürchten. Sein Wille ist immer »gut, annehmbar und perfekt«. Sich davor zu fürchten heißt, Angst zu haben vor Segnungen.

Furcht davor, dass Gott uns etwas vorenthält

Wir fürchten auch, dass Gott uns etwas Gutes vorenthalten könnte. Bei vielen jungen Leuten steht die Ehe an oberster Stelle ihrer Wunschliste. Ja, sie sagen wohl, sie wollen Gottes Willen tun, aber da ist ein Haken dabei. Zuerst wollen sie sich einen Partner sichern. Zuerst der Traualtar, dann der Opferaltar.

Dieser Vorbehalt ist nicht völlige Hingabe. Es würde bedeuten, dass Gottes Wille sich wenigstens in dieser einen Frage meinem Willen beugen muss. Das lebendige Opfer ist unvollständig.

In Wirklichkeit ist die Ehe für die meisten Menschen Gottes Wille. Das wird deutlich an der Tatsache, dass die meisten von uns von einer langen Linie von Verheirateten abstammen. Aber die Ehe zu einer Bedingung für vollständige Hingabe zu machen, ist falsch. Wer mit Gott handelt zeigt, dass der Wille nicht dem Seinen unterworfen ist. Und es ist ein Spiel mit

Dynamit. Die fixe Idee einen Ehemann zu bekommen, kann so stark werden, dass eine junge Frau unüberlegt eine Ehe eingeht, die sie für immer hindern könnte, Gottes perfekten Willen auszuführen. Der Herr wird ihnen ihr Begehr geben, aber Er wird Magerkeit in ihre Seelen senden (Ps. 106,15). Das gilt genau so für junge Männer, die zuallererst die Schönheit einer potentiellen Frau anschauen und nicht ihren geistlichen Charakter.

Wenn Gott zu einem Leben in Ledigsein aufruft, wird Er nicht nur Gnade dazu geben, sondern auch Zufriedenheit. Das wird Christen dazu befähigen, sich ohne Ablenkung dem Dienst des Herrn hinzugeben. Es ermöglicht eine Beweglichkeit, die sie anders nicht hätten. Es erspart ihnen viele Sorgen dieses Lebens. Ehelosigkeit ist besser als ein Elend in der Ehe.

Die meisten Menschen sind nicht zur Ehelosigkeit bestimmt. Aber die endgültige Entscheidung sollte Ihm überlassen werden. Nur Sein Wille ist von Bedeutung. Warum sollten wir eigensinnig einen Partner wählen, der Gottes Willen nicht entspricht, wenn Er uns sehr wahrscheinlich einen viel Besseren nach Seiner Wahl geben würde?

Furcht vor Verlust der Unabhängigkeit

Man fürchtet sich auch davor, dass Gottes Wille unsere Pläne für eine Karriere durchkreuzen könnte, ein Haus auf dem Land, ein Auto oder zwei mit dem neuesten Schnickschnack. Allzu oft wollen wir eigentlich unsere besten Jahre benutzen, um gut zu verdienen und dann als Rentner unsere Zeit dem Herrn geben. Ehrlich gesagt, Er will sie gar nicht. Er will nicht den letzten Rest eines vergeudeten Lebens. Kannst Du Ihm das zum Vorwurf machen?

Furcht vor dem Unbekannten
Manche Menschen leiden an der Angst vor dem Unbekannten. Ihnen fehlt das Vertrauen eines Abraham. Als Gott ihn rief, ging er los und wusste nicht, wohin es gehen sollte. Er zog es vor, mit Gott in der Dunkelheit zu gehen als alleine im Licht.

Furcht vor Verlust der Sicherheit
Andere glauben, dass Nachfolge des Herrn Verlust einer finanziellen Sicherheit bedeutet. »Vielleicht habe ich dann keine greifbare finanzielle Stütze. Ich könnte von den Gaben anderer abhängig werden. Ich könnte auf Sozialhilfe angewiesen sein.« Wir müssen lernen, dass Gott unsere einzig wahre Sicherheit ist und dass Er großzügig für alles gibt, was Er anordnet.

Furcht vor Nöten
Da ist die Angst, Bequemlichkeiten zu verlieren. Unsere lebhafte Phantasie stellt uns ein Plumpsklosett außerhalb des Hauses und wenig Möglichkeit zum Duschen vor Augen – ganz zu schweigen von abgetragener Kleidung, alten Möbeln von der Heilsarmee und alle anderen Dinge gebraucht gekauft, während unsere Freunde in Saus und Braus leben. Aber vielleicht genießen sie gerade die Dinge, die sich als »sanfter und verweichlichter Luxus entpuppen, der die Seele verdirbt«.

Furcht vor Unzulänglichkeit
Manche mögen gering von sich denken, sie hätten

keine besonderen Gaben oder Talente, die sie dem Herrn weihen könnten. Sie fühlen sich minderwertig; ja, sogar wertlos. Aber der fromme F.B. Meyer sagte:

»Ich bin nur ein gewöhnlicher Mann. Ich habe keine besonderen Gaben. Ich bin kein Redner, kein Gelehrter, kein tiefsinniger Denker. Wenn ich irgendetwas für Christus und meine Generation getan habe, so ist es deswegen, weil ich mich ganz Christus Jesus ausgeliefert und dann versucht habe, das zu tun, was Er von mir wollte.«

Unsere Aufgabe ist es, uns ganz Christus hinzugeben. An Ihm liegt es, uns zu Seinem Ruhm zu gebrauchen. Wenn wir uns als töricht, schwach, unedel und verachtet qualifizieren, dann haben wir die besten Aussichten, von Ihm gebraucht zu werden (1. Kor. 1,26-28).

Furcht, unseren Status zu verlieren

Manchmal denke ich, dass der größte Hinderungsgrund zur völligen Hingabe unser Stolz ist. Wenn wir ehrlich wären, müssten wir zugeben, dass wir uns selbst zu groß und zu wichtig sehen, um ein Leben im Dienst für den Herrn zu führen. Für andere ist das in Ordnung, aber es ist unter unserer Würde. Wir begehren für uns einen Namen in der Welt. Jeder, der diese einfältige Haltung hat, sollte Folgendes beachten:

– Wir könnten die Erfolgsleiter emporklimmen und wenn wir oben angekommen sind herausfinden, dass die Leiter an die falsche Wand angelehnt war.
– Wir könnten das Beste von Gott eintauschen gegen das Zweit-, Dritt-, Viert- oder Fünftbeste.
– Wir könnten unser Leben mit Dingen zubringen, die keinen Ewigkeitswert haben.

- Wir könnten sterben mit einer geretteten Seele, aber mit einem verlorenen Leben.
- Wir könnten im Himmel mit leeren Händen ankommen.

Oder all das zusammen.

Mangelhafte Hingabe

Wir alle wissen, wie es ist, wenn man sich nur teilweise unterwirft. Wenn wir einen Finger auf biblische Beispiele legen, so zeigen drei Finger auf uns selbst zurück. Wenn wir versucht sind, Petrus, Ananias und Saphira zu kritisieren, sehen wir uns überführt. Wir sehen uns selbst in ihren Erfahrungen.

Die drei Einwände des Petrus

Trotz seiner Liebe und seines Eifers für den Herrn Jesus, denkt man bei Petrus an seine drei Einwände. Als der Erlöser Seinen Tod und Seine Auferstehung voraussagte, »nahm ihn Petrus zu sich und fing an ihn zu strafen, indem er sagte: Gott behüte dich, Herr! Dies wird dir nicht widerfahren« (Mt. 16,22). Hierin steckt eine Lektion. Du sollst Jesus nicht Herr nennen und Ihm dann widersprechen.

Ein andermal, als der Herr vor Petrus kniete, um ihm die Füße zu waschen, protestierte dieser: »Herr, du wäschest meine Füße? … du sollst nimmermehr meine Füße waschen!« (Joh. 13,6.8). Beachte den Gegensatz zwischen den Worten »Herr« und »nimmermehr«.

Als Petrus das Tuch vom Himmel mit allerlei vierfüßigen und kriechenden Tieren herabkommen sah, sagte der auferstandene Herr: »Stehe auf, Petrus, schlachte und iss!« Der Apostel antwortete: »Keineswegs, Herr!« (Apg. 10,13-14). Jeder, der so antwortet, muss eine Wahl treffen. Entweder heißt es »Herr« oder

»keineswegs«. Es kann nicht beides sein. Entweder müssen wir tun, was Er sagt oder wir dürfen Ihn nicht »Herr« nennen.

Als W. Graham Scroggie mit einer jungen Frau redete, die in großen seelischen Nöten wegen des Gehorsams Christus gegenüber war, erzählte er ihr die Geschichte von Petrus in Joppe, wie der Herr ihm befahl, aufzustehen und zu essen. Dreimal sagte Petrus: »Keineswegs, Herr!« Scroggie sagte freundlich: »Sie können ›keineswegs‹ oder ›Herr‹ sagen, aber Sie können nicht ›keineswegs, Herr!‹ sagen. Nehmen Sie meine Bibel und diesen Stift. Gehen Sie in ein anderes Zimmer und streichen Sie entweder das Wort ›keineswegs‹ oder das Wort ›Herr‹ aus.«

Die junge Frau weinte leise, als sie zurückkam. Scroggie schaute auf die Bibel und sah, dass das Wort ›keineswegs‹ ausgestrichen war. Sie sagte: »Er ist Herr. Er ist Herr.« Als Scroggie diese Geschichte später erzählte, fügte er hinzu: »Das ist heiliger Gehorsam.«

Scheinheilige Unterwerfung

Ananias und Saphira wurden von einer mächtigen Bewegung des Heiligen Geistes erfasst. Die frühen Christen gaben alles auf, um Christus nachzufolgen. Ananias und seine Frau verkauften ein Stück Land und gaben vor, den ganzen Erlös dem Herrn gegeben zu haben, aber sie behielten einen Teil davon für sich zurück. Sie gaben ganze Hingabe vor, aber es war nicht so. Sie waren nicht die Letzten, die diese Sünde begingen. Wie oft singen wir: »Alles sei Dir übergeben«, während unsere Übergabe doch unvollkommen ist. Wenn Gott alle die niederstrecken würde, die scheinheiliger

Unterwerfung schuldig sind, würden die Reihen in den Gemeinden auf Erden deutlich gelichtet sein.

Ich zuerst

In Lukas 9,57-62 haben wir drei weitere Beispiele von mangelnder Hingabe. Der erste Mann nannte Jesus »Herr« und versprach begeistert, Ihm zu folgen. »Ich will dir nachfolgen, wohin irgend du gehst, Herr.« Aber als der Herr ihn warnte, dass das vielleicht Heimatlosigkeit bedeuten könnte, zog er sich schleunigst zurück. Sein »irgendwohin« wurde zu einem »nirgendwohin«.

Der zweite Mann hörte den Ruf Christi: »Folge mir nach.« Aber er sagte: »Herr, erlaube mir zuvor hinzugehen und meinen Vater zu begraben.« Es gibt keinen Grund zur Annahme, dass sein Vater auf dem Sterbebett lag. Er könnte auch bei bester Gesundheit gewesen sein. Der Möchtegern-Jünger wollte bis zu der ungewissen Zeit zu Hause bleiben, da sein Vater seinen letzten Atemzug tat. Vielleicht hat auch der Vater seinen Sohn überlebt. Das war, weil er etwas anderem den Vorrang vor dem Ruf Christi gab. Er stellte sich selbst über den Erlöser. Beachte, dass der junge Mann tatsächlich sagte: »Ich zuerst«. Dann sagte er so viel wie »nicht jetzt« sondern »später«. Was ist das für eine Unterwerfung?

Der dritte Mann nannte Jesus auch »Herr« und gab ganze Hingabe vor. »Ich will dir nachfolgen, Herr ...« Aber er verdarb alles dadurch, indem er »aber« und »zuvor erlaube mir« sagte. »... zuvor aber erlaube mir, Abschied zu nehmen von denen, die in meinem Hause sind.« Er meinte nicht einen kurzen Abschied. Das

Abschiednehmen zu jener Zeit konnte sich über Tage des Essens und der Gemeinschaft hinziehen. Auch er setzte seiner Nachfolge eine Bedingung hinzu. Gesellschaftliche Verpflichtungen hatten den Vorrang vor der Herrschaft des Herrn. Jesus ist Herr, aber …

Vor Jahren erschien in den Daily Notes der Scripture Union folgendes Gebet, das immer noch angemessen ist:

> Vergib uns, Herr, dass wir so oft Wege finden, die Mühe und das Opfer der Jüngerschaft zu umgehen. Stärke uns diesen Tag mit Dir zu gehen, ganz gleich was die Kosten sein mögen. In Deinem Namen, Amen.

Ein lebendiges Opfer

Man könnte zu Recht sagen, dass die bedeutendste Passage im Neuen Testament, die die Gläubigen zu einem Leben vollkommener Hingabe aufruft, Römer 12,1-2 ist:

> »Ich ermahne euch nun, Brüder, durch die Erbarmungen Gottes, eure Leiber darzustellen als ein lebendiges, heiliges, Gott wohlgefälliges Schlachtopfer, welches euer vernünftiger Dienst ist. Und seid nicht gleichförmig dieser Welt, sondern werdet verwandelt durch die Erneuerung eures Sinnes, dass ihr prüfen möget, was der gute und wohlgefällige und vollkommene Wille Gottes ist.«

Als mein Bruder und ich Knaben waren, besuchte H. A. Ironside unsere Familie und lehrte uns einen Vers, der Römer 12,1 zum Thema hat:

> Römer zwölf Vers eins, so wichtig wie sonst keins,
> Nur Ihm sei es geweiht, dem Herrn der Ewigkeit.
> Ist Er nicht über alles Herr,
> Dann ist Er's überhaupt nicht mehr.
> Römer zwölf Vers eins, so wichtig wie sonst keins.

In den folgenden Jahren habe ich viele Male bemerkt, wie weit entfernt ich von dem Ideal war, das in dem Wort »über alles Herr« ausgedrückt wird, aber ich suchte, dies zum Ziel meines Lebens zu machen.

Jedes Wort dieses goldenen Textes ist inhaltsschwer. Setze sie zusammen und wir haben den Schlüssel zu dem überströmenden Leben, welches uns der Herr Jesus versprochen hat.

Die Stimme Gottes

Wer spricht in Römer 12,1: »Ich ermahne euch ...«? Auf wen bezieht sich das »Ich«? Offensichtlich bezieht es sich auf Paulus, da er der Briefschreiber ist. Er ist derjenige, der sagt: »Denn das Leben ist für mich Christus« (Phil. 1,21). »Denn die Liebe des Christus drängt uns, indem wir also geurteilt haben, dass einer für alle gestorben ist und somit alle gestorben sind. Und er ist für alle gestorben, auf dass die, welche leben, nicht mehr sich selbst leben, sondern dem, der für sie gestorben ist und ist auferweckt worden« (2. Kor. 5,14.15). Paulus sagte, er vergaß die Dinge, die dahinten waren und streckte sich aus nach dem, was vorn war. Er jagte, das Ziel anschauend, hin zu dem Kampfpreis der Berufung Gottes nach oben in Christo Jesu (Phil. 3,13.14).

Aber wir müssen uns daran erinnern, dass Paulus dies durch göttliche Offenbarung geschrieben hat. Die Worte waren nicht nur seine eigenen, sondern auch die Worte des Herrn. Der selbe Herr sagte: »Ich muss die Werke dessen wirken, der mich gesandt hat, solange es Tag ist« (Joh. 9,4). Und »Meine Speise ist, dass ich den Willen dessen tue, der mich gesandt hat« (Joh. 4,34).

Jetzt kommen wir zum nächsten Wort »ermahnen«. Gott ermahnt Dich und mich. Das Wort ist stärker als »bitten«. Es drückt Dringlichkeit und Beharrlichkeit aus. Da schwingt ein inständiges Bitten und Flehen mit. Es wird benutzt bei dem Hauptmann, der Jesus dringend bat, seinen Knecht zu heilen (Mt. 8,5.6).

Kranke baten Jesus eindringlich, sie zu heilen (Mt. 14,36). Ein Aussätziger flehte Jesus an, ihn zu reinigen (Mk. 1,40). Jairus bat Jesus sehr, sein sterbendes Töchterlein zu retten (Mk. 5,23). Das gleiche Wort steht in 2. Korinther 5,20, wo Paulus die Sünder bittet, sich mit Gott versöhnen zu lassen. Wenn man genau hinhört, nimmt man den mitleidvollen Herzschlag Gottes wahr, der die Seinen eindringlich bittet, so zu wandeln, dass ein bestmögliches Leben sichergestellt ist. Er möchte uns davor bewahren, unser Leben zu vergeuden, dass wir es nicht mit unnützen Dingen verplempern.

Unter den Todesanzeigen einer Lokalzeitung beschrieben folgende Sätze den Mittelpunkt des Lebens von verschiedenen Menschen, die gestorben waren:

- »Er konnte sehr gut mit Kürbissen umgehen und war hineingeboren in eine alte Familientradition das Halloweenfest ganz besonders zu feiern, wobei er schon in jungen Jahren ein Geschick entwickelte, aus den Kürbissen Masken zu schnitzen.«
- »Sie liebte Fernsehen, besonders spannende Sendungen.«
- »Er spielte gerne Bingo, er mochte ein Frühstück in kleinen Restaurants mit Kaffee und Toast, er liebte kleine Kinder, seinen Garten, Obst und kaltes Wasser.«

Das sind harmlose Aktivitäten, aber ist das ein Lebensinhalt?

Nach der Auferstehung des Herrn hatte Petrus das wunderbare Vorrecht, der Welt die Botschaft zu predigen, die sie so bitter nötig hatte. Aber was sagte er? »Ich gehe hin fischen« (Joh. 21,3).

Gott möchte uns davor bewahren, unser Leben damit zu verbringen, die Schlafgewohnheiten der Eidechsen in Puerto Rico zu erforschen oder die primäre Bedeutung des Picknicks für die moderne Gesellschaft zu erkunden, wie es manche getan haben.

»Ich ermahne euch nun, Brüder.« Das Wort »nun« stellt gedanklich eine Verbindung zu dem Vorherigen her. Wir sollen hier erkennen, dass das, was Gott uns sagen will, in enger Beziehung zu dem vorher Gesagten steht. Die Anrede »Euch … Brüder« macht deutlich, dass der dringende Aufruf an alle Christen gerichtet ist. Die Anrede »Brüder« ist hier ein Oberbegriff und umfasst Männer und Frauen, Jung und Alt, jung Bekehrte und reife Christen. Es ist keiner ausgeschlossen, der die Erlösung durch Christus erfahren hat.

Die Erbarmungen Gottes

»Durch die Erbarmungen Gottes.« Dieser Ausdruck zeigt uns, worauf die Aufforderung beruht. Paulus hatte gerade einen Überblick über viele wunderbare Gnadengaben Gottes gegeben, die uns durch den Glauben an den Herrn Jesus zufließen. Wir wollen sie auflisten:

- Wir sind von Gott zuvorerkannt (Röm. 8,29). Damit fing alles an. In mitleidvoller Erbarmung berief Er uns zur ewigen Errettung. Aber jeder einzelne fragt sich: »Warum ich?«
- Er hat Gläubige vorherbestimmt, dem Bilde Seines Sohnes gleichförmig zu sein (Röm. 8,29). So eine Gnade ist kaum vorstellbar, aber es ist eine wunderbare Wahrheit.

- Gott hat uns berufen (Röm. 8,30). Er hat durch Seine Vorsehung bestimmt, dass wir das Evangelium hören und die Möglichkeit haben sollen, im Glauben darauf zu antworten. Mit den Worten von Isaac Watts können wir unserer Verwunderung Ausdruck verleihen:

  Warum durft' ich die Gnade sehen,
  Dass ich zum Himmel komm',
  Wo Scharen ins Verderben gehen,
  Die lieber tot sein woll'n als fromm?

- Er hat uns gerechtfertigt (Röm. 8,30). Das bedeutet: Er hat uns von aller Schuld befreit. Das ist mehr als Entschuldigen oder Verzeihen. Es ist so, als hätte niemals eine Anschuldigung gegen uns vorgelegen. Die Akte ist leer. Wir stehen vor Ihm in Seiner Gerechtigkeit, weil wir in Christus sind.
- Wir sind mit Gott versöhnt (Röm. 5,10-11). Der Grund des Zwiespalts war unsere Sünde. Der Herr Jesus beseitigte diesen Grund, indem Er durch Sein eigenes Opfer die Sünden beseitigte. Wer außer Gott hätte diesen Plan zu unserer Errettung fassen können?
- Mittels des Glaubens haben wir Zugang zu einer wunderbaren Stellung in der Gnade Gottes (Röm. 5,2). Er ist jetzt unser Vater und wir sind Seine Kinder. Er nimmt uns in dem Geliebten an; deshalb sind wir für Gott genauso liebenswert und teuer wie Sein geliebter Sohn.
- Gottes Geist wohnt in uns (Röm. 8,9). Unsere Leiber sind tatsächlich Tempel der dritten Person der Gottheit. Stell' Dir das mal vor!

- Wir haben Heilsgewissheit, die uns vom Heiligen Geist durch das Wort Gottes bezeugt wird (Röm. 8,16). Wir sind nicht den Schwankungen menschlicher Empfindungen ausgesetzt. Ob wir es fühlen oder nicht, wir können unserer Errettung sicher sein.
- Wir können ewige Gewissheit haben (Röm. 5,6-10). Da Christus so teuer bezahlt hat, um uns von der Strafe der Sünde zu erlösen, wird Er uns niemals fallen lassen. Er sitzt zur Rechten Gottes und steht für unsere Rettung ein (Röm. 5,10b). Das ist hundertprozentige Sicherheit.
- Nun haben wir Frieden mit Gott durch unseren Herrn Jesus Christus (Röm. 5,1). Dieser Friede ist vollkommen unabhängig von irgendwelchen Umständen. Es ist die Freude einer anderen Welt, die darin begründet ist, dass die Frage der Sünde geklärt ist und der Herr alles in der Hand hat.
- Als wenn das nicht schon genug wäre, sind wir darüber hinaus auch noch Erben Gottes und Miterben Christi (Röm. 8,17). Alles was der Vater hat, gehört uns. So ein Reichtum ist gar nicht überschaubar; es ist mehr, als wir uns ausdenken können.
- Wir sind geheiligt: von der Welt und von der Sünde für Gott beiseite gesetzt. Durch den Heiligen Geist sind wir freigemacht von dem Gesetz der in uns wohnenden Sünde und des Todes – eine wunderbare Befreiung (Röm. 8,1-4).
- Wir sind nicht unter Gesetz, sondern unter Gnade (Röm. 6,14). Das Gesetz befahl uns, zu gehorchen, aber gab uns nicht die Kraft zum Gehorsam, son-

dern es verdammte uns, wenn wir sündigten. Die Gnade lehrt uns, was wir tun sollen, gibt uns die Kraft, es auszuführen und belohnt uns noch dafür. Das übertrifft alles.

- Wir können uns der Trübsale rühmen, weil wir wissen, dass der Herr sie benutzt, um unseren Charakter zu entwickeln (Röm. 5,3). Denen, die Ihn lieben, müssen alle Dinge zum Guten mitwirken (Röm. 8,28). Das Gute ist, dass wir Christus ähnlicher werden.
- Wir haben eine wunderbare Hoffnung. Paulus nennt sie die Hoffnung der Herrlichkeit Gottes (Röm. 5,2). Es bedeutet, beim Herrn im Himmel in all Seiner Schönheit und Pracht zu sein. Es bedeutet auch, dass wir verherrlichte Leiber haben werden, gerade so, wie ihn der Herr in Seiner Auferstehung hat.
- Wir haben die Gewissheit, dass uns nichts und niemals etwas scheiden kann von der Liebe Gottes, die in Jesus Christus, unserem Herrn, ist (Röm. 8,35-37). Wir können des Himmels so sicher sein, als wären wir schon dort.

All diese Verheißungen zeigen auf, was in den Erbarmungen Gottes enthalten ist, obwohl der Ausdruck »Erbarmungen« noch viel mehr beinhaltet. Gehen wir jetzt zurück zu Vers 1 von Römer 12.

Die einzig vernünftige Reaktion

Diese Erbarmungen Gottes sollten uns drängen, unsere Leiber in Dankbarkeit und Anbetung hinzugeben. In dem folgenden Gedicht kommt diese Logik zum Ausdruck:

Nach allem, was Er tat,
Nach allem, was Er tat,
Sollt' ich Ihm nicht mein Bestes weih'n
Und liebend gern Sein Sklave sein,
Nach allem, was Er tat? Betty Daasvand

Warum sagt Paulus »eure Leiber«? Warum nicht unseren Geist oder Seele? Weil Gott weiß, wenn wir Ihm unsere Leiber geben, dann geben wir uns selbst. Der Ausdruck »unsere Leiber« meint uns als Ganzes. Der Körper steht hier also für den ganzen Menschen. Wir sollten auch beachten, dass der Apostel unser Opfer mit den Opfern von Tieren im Alten Testament vergleicht und diesen gegenüberstellt; dort wurden die Körper auf den Altar gelegt.

Der Leib des Gläubigen soll als »lebendiges Opfer« dargestellt werden. Dies steht im Gegensatz zu den toten Opfern, die Israel darbrachte. Es beinhaltet auch den Gedanken, dass wir uns andauernd opfern sollen, während ein Tier nur einmal geopfert wurde.

Wenn wir unseren Leib darstellen, so schließt das alle unsere Glieder mit ein: Die Hände, Augen, Ohren, den Mund, den Verstand. Zu einer Zeit, wo auf dem Gebiet der Sexualität alles drunter und drüber geht, ist es gut, sich zu erinnern, dass auch die Geschlechtsorgane inbegriffen sind. Unsere Talente wie Musikalität, Dichtkunst, Begabung für bildende Künste und Rednergabe gehören auch dazu. Wir weihen Ihm unsere Kenntnisse in den Wissenschaften, in Geschichte, Philosophie, ja unser ganzes Denken. Wenn wir zurückschauen, können wir erkennen, wie Er uns in unserer Erziehung geleitet hat, indem Er uns oft in die Lehre nahm; wir wussten nicht weshalb, aber Er wusste es, weil Er uns für den Dienst vorbereitete.

Das Opfer unserer Person muss heilig und annehmbar für Gott sein. Es ist nicht genug, in unserer »Stellung« heilig zu sein, weil Gott uns in Christus als heilig ansieht. Wir müssen ein heiliges Leben führen, unser Leben muss rein sein. Dies entspricht der Forderung im Alten Testament, dass die Opfertiere ohne Fehl und Tadel sein müssen. Wenn Gläubige alle bewussten Sünden bekennen und lassen, dann ist das Opfer ihres Lebens wohlgefällig vor Gott.

Der letzte Ausdruck in Römer 12,1 kann auf zweierlei Weise übersetzt werden: »Welches euer vernünftiger Dienst ist« oder »welches euer geistlicher Gottesdienst ist«. Beides stimmt ja. In Anbetracht dessen, was Christus für uns getan hat, ist es das Vernünftigste, Gescheiteste und Folgerichtigste, Ihm unseren Leib darzustellen. Aber es ist auch ein Akt der Anbetung. Als heilige Priester opfern wir Gott unser Lob (Hebr. 13,15), unseren Besitz (Hebr. 13,16), unseren Dienst (Röm. 15,16) und jetzt unsere Person. Die größte Anbetung, derer wir fähig sind, ist das Opfer unseres Leibes.

Lebendige Opfer dürfen der Welt nicht gleichförmig sein. Ein oft zitierter Ausspruch von J. B. Phillips drückt das gut aus:

> »Lass nicht zu, dass die Welt, die dich umgibt, dich in ihre eigene Form presst.«

Die Welt ist hier die menschliche Gesellschaft, die nicht nur danach trachtet, von Gott unabhängig zu sein, sondern Ihm wirklich feindlich gesinnt ist. Sie hat ihr eigenes System in punkto Glauben, Werte, Lebensstil, Motive und Neigungen und sie möchte, dass jeder genauso denkt. Wenn wir für Gott annehmbar sein wollen, müssen wir Nonkonformisten sein.

Die Welt sagt: »Das Höchste ist, sich selbst treu zu sein.« Oder: »Ich bin meines Glückes Schmied: Ich bin der Führer meiner Seele.« Sie sagt: »Mach' es, wenn es Dir gut tut.« Oder: »Man lebt nur einmal«. »Wer mit den meisten Spielsachen stirbt, gewinnt.« »Es gibt keine absolute Wahrheit; alles ist relativ.« »Wir sind alle aus einem Urschleim entstanden.« »Unmoral und anderes sogenanntes abweichendes Benehmen sind nicht Sünde, sondern Krankheit.« »Die gegen das Gesetz handeln, sind keine Verbrecher; sie sind Opfer.«

Wir Christen müssen solche Gedanken zurückweisen und unser Denken erneuern und umgestalten lassen. Mit anderen Worten, wir müssen so zu denken lernen, wie Gott denkt, wie es in den Schriften geoffenbart ist. Das Ergebnis wird sein, dass unsere Interessen, unser Reden, unsere Kleidung und unsere Musik verändert werden. Wir werden über andere Menschen, über Besitz, Erfolg, Politik und Sexualität anders denken. Unser Gedankenleben wird umgewandelt werden.

Der Schlüssel zu Gottes Führung

In Römer 12,2 haben wir entdeckt, wie wir sicher die Führung Gottes erfahren können: Durch unsere völlige Hingabe an den Herrn zu allem, was Er wählen mag. Wir erkennen nicht nur Seinen Willen, sondern wir entdecken auch durch Erfahrung, dass er ganz und gar nicht das war, was wir befürchtet hatten: Unangenehm, schwierig und gefährlich. Stattdessen erweist er sich als gut, annehmbar und perfekt. Er ist wohltuend, erfreulich und ideal. Da es Gottes Wille ist, kann er nicht weniger als perfekt sein.

Wir wollen jetzt zum Anfang von Römer 12 zurückgehen und uns einen Überblick über den Gedankengang verschaffen: Die Erbarmungen Gottes erfordern, dass die Gläubigen sich selbst Ihm täglich neu als Opfer darstellen. Das Opfer muss natürlich heilig sein, sonst ist es Gott nicht wohlgefällig.

Völlige Hingabe ist die vernünftigste Antwort der Christen auf das Opfer des Erlösers und ist die beste Art der Anbetung. Damit das Opfer der Gläubigen annehmbar ist, müssen sie es vermeiden, von der Welt geformt zu werden. Vielmehr müssen sie sich göttliche Gedanken und einen entsprechenden Lebensstil aneignen.

Verständlicherweise wird unser Leben, wenn wir die Führung dem Herrn überlassen, das Beste sein, das göttliche Weisheit planen kann. Wir werden ein Leben führen, das gut für uns ist, Gott gefällt und in jeder Weise ideal ist.

Höre die Worte eines lebendigen Opfers:

Dir hab ich mich ergeben
Mit Freuden ganz und gar,
Nur Dir allein zu leben,
Nur Dir auf immerdar.
O Gottes Sohn, der mich geliebt,
Herr Jesu, ich bin Dein,
Und alles, was ich bin und hab',
Gehöre Dir allein! F. R. Havergal

Herr, ich übergebe Dir alles. All das hast Du für mich

getan. Es ist ein vernünftiger Gottesdienst, in meinem Leben nicht mehr eigene Pläne verwirklichen zu wollen.

Gründe für eine vollständige Auslieferung

Wahre Christen wissen, was es bedeutet, ihr Leben dem Herrn Jesus zur Errettung auszuliefern. Sie sind von ihren Sünden und ihrer Unzulänglichkeit für Gottes Gegenwart überführt worden. Sie haben geglaubt, dass der Erlöser starb, um die Strafe für all ihre Sünden zu bezahlen. Sie haben sich zu Ihm bekehrt, um für alle Ewigkeit errettet zu sein.

Das ist alles so logisch. Die Errettung ist eine freie Gabe. Sie brauchen sie nur anzunehmen. Sie gewinnen dadurch alles, ohne etwas zu verlieren. Sie wären Narren, wenn sie Christus nicht annehmen würden, um des Himmels sicher zu sein.

Aber es ist möglich, Christus als Erlöser anzunehmen und sich Ihm trotzdem nicht zum Dienst zu weihen. Wir vertrauen Ihm, dass Er uns in den Himmel bringt, aber irgendwie trauen wir Ihm nicht zu, dass Er hier auf Erden unser Leben richtig lenkt. Wir haben unsere eigenen Pläne und Wünsche und wir wollen nicht, dass da irgendjemand oder irgendetwas dazwischen kommt. Voller Freude akzeptieren wir Ihn als Retter unserer Seelen, aber wir sind sehr zurückhaltend, wenn es darum geht, Ihn zum König unseres Lebens zu krönen.

Weil heutzutage in den Gemeinden auf die Evangelisation so große Betonung gelegt wird, könnte man möglicherweise glauben, nach der Errettung gäbe es nichts mehr zu tun. Wir müssen uns von der Vorstellung, Bekehrung sei das endgültige Ziel, freimachen. Durch unsere neue Geburt sind wir für den Himmel passend gemacht, dazu ist nichts mehr notwendig. Aber das ist nicht der Gipfel im Leben eines Christen. Wir müssen dahin kommen, Tag für Tag in völliger Hingabe dem Herrn Jesus gegenüber zu wandeln.

Wir müssen hier einige Tatsachen beachten und über die logischen Schlüsse nachdenken. In Gottes Plan der Errettung birgt jeder Indikativ einen Imperativ in sich. Lehre verpflichtet. Wir müssen über all die Wahrheiten, die uns von Golgatha zuströmen, ins Staunen geraten und uns dann entscheiden, wie wir damit umgehen werden.

Unser Schöpfer starb, um uns zu retten

Als erstes muss man sagen, dass der Eine, der am Kreuz für uns starb, niemand Geringerer als der Mensch gewordene Gott war. Das ist eine unglaubliche Tatsache. Der Schöpfer starb für Seine Geschöpfe, der Richter für die Angeklagten, der Heilige für Sünder. Als Gottes Sohn starb, starb der Liebende für Seine Feinde, der Sündlose für die Schuldigen, der Reiche für die Armen. Wenn wir erst einmal diese erstaunliche Tatsache begriffen haben, können wir nicht die gleichen bleiben. Wir werden überwältigt sein. Halbherzige Zuneigung ist eine Leugnung der ungeheuren Bedeutung von Golgatha. Es soll in unsere Herzen eingebrannt sein, dass jemand den allerhöchsten Preis für uns bezahlt hat und dass dieser jemand derjenige ist, der das Universum und die ganze Schöpfung entworfen hat. Dann werden wir aus ganzem Herzen so antworten:

Ich schaue Dich am Kreuzesstamm
– Begreifen kann ich's nicht –
Und berg' in Reu' und tiefer Scham
Mein tränendes Gesicht.

Doch Weinen zeigt durchaus nicht an,
Was ich Dir schuldig bin,
Drum geb' ich, was ich geben kann:
Mich selbst Dir völlig hin. Isaac Watts

Die Erbarmungen Gottes

Zweitens überlegen wir: Die Erbarmungen Gottes erfordern unsere absolute Hingabe an Ihn. Wenn wir von den Erbarmungen Gottes sprechen, meinen wir die wunderbare Stellung, die großartigen Vorrechte und die fantastischen Verheißungen, die Er den Gläubigen gegeben hat. Wir meinen all die Segnungen, für die wir auf Golgatha erkauft wurden. In einem vorhergehenden Kapitel haben wir einige davon genannt.

Kein gewöhnlicher Sterblicher würde jemals so kühn sein, eine Liste so vieler Freundlichkeiten für so unwürdige Menschen aufzustellen. Es ist ein Katalog geistlicher Freigebigkeit, die wir nicht gesucht hätten noch fähig wären, sie zu erwerben. Aber ohne Kosten hat sie uns in dem Geschenk des ewigen Lebens gefunden. Je mehr wir über die Erbarmungen Gottes nachdenken, desto mehr werden wir über alles, womit Er uns so großzügig ausgestattet hat, staunen.

In Frankreich gibt es ein Sprichwort: »Noblesse oblige«, also: »Adel verpflichtet«. Menschen, die von adeliger Abstammung sind oder einen hohen Stand haben, sind verpflichtet, entsprechend zu leben. Christen sind ganz gewiss geadelt (sie sind in Gottes Familie hineingeboren) und haben eine hohe Stellung (Erben Gottes und Miterben Christi). Demzufolge sollten sie dem Vater der Erbarmungen die Herrschaft über ihr Leben zugestehen. Sie sollten Ihm ihre Leiber als lebendige Opfer darstellen.

Die Dankbarkeit verlangt es

Ein dritter Grund für unsere völlige Hingabe ist Dankbarkeit.

Wenn Dankbarkeit da am Platz ist, wo wir z.B. vor dem Ertrinken oder aus einem brennenden Haus gerettet worden sind, was ist dann wohl die angemessene Antwort für den Einen, der Seinen Leib gegeben hat, um uns vor der Hölle zu erretten? Es gibt nur eine Antwort: Wenn wir Ihn sagen hören: »Dies ist mein Leib, den ich für euch hingegeben habe«, können wir nur erwidern: »Dank sei Dir, Herr Jesus. Dies ist mein Leib, mein Herz, mein Leben, mein ganzes Sein, das für Dich hingegeben wird.«

Als der Missionar J. Alexander Clark sah, wie ein Afrikaner von einem Löwen angegriffen wurde, griff er nach seinem Gewehr, tötete den Löwen, brachte den Mann in ein Krankenhaus und sorgte für ihn, bis es ihm gut genug ging, um wieder zu seinem Stamm zurückzukehren. Zwei oder drei Monate später saß Clark auf seiner Veranda, da hörte er einen schrecklichen Tumult: Hühner gackerten, Enten quakten, Schafe blökten und Männer, Frauen und Kinder schwatzten durcheinander. Ein großer Afrikaner führte einen Zug von Vieh, Geflügel und Menschen an. Es war der Mann, den Clark aus dem Rachen des Löwen gerettet hatte.

Zu den Füßen Clarks niederfallend sagte der Mann: »Sir, dem Gesetz meines Stammes zufolge gehört der Mann, der vor einem wilden Tier gerettet wird, nicht mehr sich selbst. Er gehört seinem Erretter. All mein Besitz gehört Ihnen, meine Hühner, Enten, Ziegen, Schafe, Kühe, alles ist Ihres. Meine Diener sind Ihre Diener. Meine Kinder (er hatte etliche) sind Ihre Kinder und meine Frauen (davon gab es auch einige) sind Ihre Frauen. Alles, was ich habe, gehört Ihnen.«[1]

Es war einfach Dankbarkeit.

Die Liebe Christi drängt uns

Es gibt einen vierten Grund, warum völlige Hingabe höchst vernünftig, verständlich und logisch ist. Paulus erklärt uns, wie die Liebe Christi uns zwingt.

> Denn die Liebe des Christus drängt uns, indem wir also geurteilt haben, dass einer für alle gestorben ist und somit alle gestorben sind. Und er ist für alle gestorben, auf dass die, welche leben, nicht mehr sich selbst leben, sondern dem, der für sie gestorben ist und ist auferweckt worden (2. Kor. 5,14-15).

Ich fasse es in einer kurzen Auflistung zusammen:

- Wir waren alle tot in Übertretungen und Sünden.
- Der Herr Jesus starb für uns, damit wir leben können.
- Aber Er starb nicht für uns, damit wir ein egozentrisches und eigenwilliges Leben führen sollten.
- Stattdessen möchte Er, dass wir für Ihn, der für uns starb, leben.

Das ist sinnvoll, nicht wahr? Wir wollen hier Halt machen und ein wenig über diese Liebe nachdenken.

Sie ist ewig, die einzige Liebe, die ohne Anfang ist. Sie geht durch alle Zeitalter hindurch und ist endlos. Unser Verstand muss sich anstrengen, um eine Liebe zu fassen, die unaufhörlich und unbegrenzt ist.

Sie ist unermesslich. Ihre Höhe, Tiefe, Länge und Breite kennt keine Grenzen. Nirgendwo finden wir etwas vergleichbar Außergewöhnliches. Dichter haben sie mit den größten Ausdehnungen des Universums verglichen, aber immer scheinen sich die Worte unter dem Gewicht des Begriffs durchzubiegen.

Die Liebe Christi zu uns ist ohne Ursache und Anlass. Er konnte nichts Verdienstvolles oder Liebenswürdiges an uns finden, was Seine Zuneigung anziehen könnte und doch liebte Er uns unverändert. Er tat es, weil das Seinem Wesen entspricht.

Unsere Liebe zu anderen basiert oft auf Unwissenheit. Wir lieben Menschen, weil wir nicht wissen, wie sie wirklich sind. Wir beurteilen sie nach ihrem Erscheinungsbild, aber je besser wir sie kennen lernen, desto mehr fallen uns ihre Mängel und Fehler auf und umso weniger liebenswert erscheinen sie uns. Aber der Herr Jesus liebte uns, obwohl Er alles wusste, wie wir sein oder was wir tun würden. Seine Allwissenheit hat Seine Liebe nicht gelöscht. Aber es gibt so viele Menschen auf der Welt – über fünf Milliarden. Kann der erhabene Gott jeden einzelnen persönlich lieben?

Kann's sein, dass Er für alle Sorge trägt
Und doch Sein Herz für Dich persönlich schlägt?

Ja, bei Ihm gibt es keine Niemande. Keiner ist unbedeutend. Seine Liebe strömt hin zu jedem Menschen auf der Welt.

Solch eine Liebe ist unvergleichlich. Die meisten Menschen kennen die Liebe einer hingegebenen Mutter oder die Liebe eines treuen Ehegatten. David kannte die Liebe des Jonathan. Jesus kannte die Liebe des Johannes. Aber niemand hat jemals etwas von Menschen erfahren, das mit der göttlichen Liebe vergleichbar wäre. So erinnert uns ein englisches Glaubenslied daran: »Niemand sorgt sich mehr um mich als Jesus.«

In Römer 8 durchsucht Paulus das ganze Universum nach etwas, dass uns von der Liebe Jesu scheiden könnte, aber er findet nichts. Weder Tod noch Leben, weder Engel noch Fürstentümer, weder Gegenwärtiges noch Zukünftiges, noch Gewalten, weder Höhe noch Tiefe, noch irgendein anderes Geschöpf vermögen uns von der Liebe Gottes zu scheiden.

Der Gedanke, dass der Allmächtige Dich und mich nicht mehr lieben kann, als Er es gerade in diesem Augenblick tut, macht uns ehrfürchtig. Seine Liebe ist absolut rückhaltlos und uneingeschränkt.

In einer Welt andauernder Veränderung ist es beruhigend, etwas Unveränderliches zu finden: die Liebe Christi. Unsere Liebe bewegt sich in Zyklen. Sie ist eine emotionale Berg- und Talbahn. Nicht so bei unserem Herrn. Seine Liebe ermüdet oder verändert sich nie. Sie ist beständig.

Seine Liebe ist eine reine Liebe, die frei von Selbstsucht, ungerechten Kompromissen und unedlen Motiven ist. Sie ist unbefleckt und hat nicht einmal einen Anflug von Verunreinigung.

Wie die Gnade Jesu, so ist auch Seine Liebe frei und umsonst. Dafür können wir unaufhörlich dankbar sein, weil wir Arme, Bettler und bankrotte Sünder sind. Selbst wenn wir alle Reichtümer der Welt besäßen, könnten wir nicht einmal eine Anzahlung für so eine unbezahlbare Liebe machen.

Diese Liebe ist unparteiisch. Sie lässt die Sonne auf Gerechte und auf Ungerechte scheinen. Sie lässt den Regen ohne Unterschied auf alle fallen.

Seine Liebe manifestiert sich im Geben. Christus liebte die Gemeinde und gab … Da der Segen für den Geber größer ist als für den Empfänger, hat der Herr immer das Vorrecht, der Gesegnetere zu sein.

Eine der erstaunlichsten Tatsachen ist, dass die Liebe opferbereit ist. Sie führte Ihn nach Golgatha, der größte Liebesbeweis. Am Kreuz sehen wir eine Liebe, die stärker als der Tod ist, die nicht einmal in den Wogen von Gottes Zorn ertränkt werden kann.

Diese einmalige Liebe übersteigt unsere Beschreibungskraft. Sie ist erhaben, unvergleichlich, der Mount Everest der Zuneigung. Unser derzeitiges Vokabular ist nicht in der Lage, sie zu beschreiben. Es gibt nicht genug Adjektive – weder im Indikativ, noch im Komparativ oder Superlativ. Wir kommen nur ein Stück weit; dann müssen wir mit der Königin von Saba, die von den Reichtümern Salomos sprach, sagen: »Nicht die Hälfte ist mir erzählt worden.« Das Thema übersteigt das Ausdrucksvermögen menschlicher Sprache.

Wir könnten im Universum nach einem besseren Lexikon fahnden, nach einem größeren Wortschatz, aber es wäre vergeblich. Erst wenn wir in den Himmel kommen und die personifizierte Liebe vor Augen haben, werden wir mit schärferem Verstand begreifen und mit klarerem Blick die Liebe erfassen, die der Herr Jesus Christus für uns hegt. Und auch dann wird das

Thema noch nicht erschöpft sein. Dies ist das Wesen der Liebe, die uns zwingt, Den, der für uns starb, zu lieben.

Herrliche Liebe in göttlichem Glanz,
Verdienst mein Herz, mein Leben – mich ganz!

Lady Powerscourt, eine englische Christin von Adel drückte es ganz schlicht aus: »Es scheint, dass diese Liebe, die *alles* für uns gab, verletzt wird, wenn wir sagen, wir lieben und Ihm doch nicht alles übergeben. Alles was wir haben ist wie zwei Scherflein. Alles, was er hat, ist der Himmel, die Erde, die Ewigkeit und Er selbst. Es ist besser, gar nicht zu lieben. Es ist besser, kalt zu sein als lau.«

O Kreuz, zu gut versteh' ich deinen Sinn,
Als dass ich weiter kalt und abseits bliebe.
Ich bin besiegt, nimm alles hin;
Denn weniger verhöhnte Deine Liebe.

J. Sidlow Baxter

Wir gehören uns nicht selbst

Fünftens verlangt Ehrlichkeit die Hingabe unseres Lebens an Ihn. Unser Herr Jesus hat uns auf Golgatha erkauft. Er zahlte einen immensen Preis – Sein eigenes Blut. Da Er uns also erkauft hat, gehören wir uns nicht mehr selbst. Wir sind Sein Eigentum. Es ist ein köstliches Paradoxon des Christentums, dass, obwohl alle Dinge uns gehören (1. Kor. 3,21), wir selbst uns nicht gehören. Folglich, wenn wir unser Leben nehmen und damit nach unserem Gutdünken umgehen, eignen wir uns etwas an, auf das wir keinen Anspruch haben. Es gibt ein Wort dafür: Diebstahl. Absolute Hingabe bewahrt uns davor, Diebe zu sein. Als C. T. Studd das erkannte, schrieb er:

> »Ich wusste, dass Jesus für mich gestorben war, aber es war mir nicht klar, dass, wenn Er für mich gestorben war, ich mir nicht selbst gehörte. Erlösung bedeutet zurückkaufen. Also war ich Sein Eigentum. Entweder war ich ein Dieb und behielt, was nicht mir gehörte oder ich musste alles für Gott hingeben. Als ich begriff, dass Jesus für mich gestorben war, erschien es mir nicht mehr schwer, Ihm alles zu übergeben.«

Ist diese Logik nicht unbestreitbar? Aber wie werden wir uns verhalten?

Oswald Sanders erzählte von einem Organisten in einer deutschen Kirche, der die Orgel als sein Eigentum betrachtete. Niemand anderem erlaubte er, darauf zu spielen. An einem sonnigen Nachmittag übte er ein Stück von Felix Mendelssohn, aber es ging nicht gut. Ohne dass er es bemerkte, stahl sich ein Fremder in die Kirche und setzte sich in die letzte Bank des Kirchengestühls.

Natürlich bemerkte er die Schwierigkeiten, die der Organist hatte. Als dieser endlich aufgab und seine Noten zusammensuchte, um die Kirche zu verlassen, kam der heimliche Zuhörer hervor und bat höflich um die Erlaubnis, zu spielen. Die Antwort war brüsk. Der Organist erlaubte niemals jemand anderem, zu spielen. Wieder bat der Besucher um das Vorrecht, spielen zu dürfen und wieder wurde er abgewiesen. Aber seine Ausdauer zahlte sich aus. Als er das dritte

Mal fragte, bekam er, wenn auch widerwillig, die Erlaubnis.

Er setzte sich, wählte die Register und spielte das gleiche Stück. Augenblicklich wurde die Kirche erfüllt von den schönsten Harmonien. Als er zu Ende war, fragte der erstaunte Organist: »Wer sind Sie?« Der Besucher senkte bescheiden den Kopf und antwortete: »Ich bin Felix Mendelssohn.« »Was«, rief der Organist total verlegen aus. »Ihnen wollte ich nicht erlauben auf meiner Orgel zu spielen?!«

Unser Leben ist Gottes Orgel, nicht unsere eigene. Sollten wir Ihm die Erlaubnis verweigern, darauf zu spielen?

Jesus ist Herr

Wir kommen jetzt zu einem sechsten Grund, warum wir alles, was wir sind und haben, dem Herrn übergeben und Ihm erlauben sollten, das Steuer zu übernehmen. Wir nennen Ihn Herr. »Denn hierzu ist Christus gestorben und wieder lebendig geworden, auf dass Er herrsche sowohl über Tote als über Lebendige. Sei es nun, dass wir leben, sei es, dass wir sterben, wir sind des Herrn« (Röm. 14,9). Wenn Er Herr ist, hat Er Anrecht auf alles. Wenn Jesus in einem Menschenleben nicht Herr ist, dann tut der Mensch, was in seinen Augen richtig ist. Es ist nicht bedeutungslos, dass das Wort »Erlöser« 24 Mal in der Bibel vorkommt, wogegen das Wort »Herr« fast 670 Mal zu finden ist. Obwohl man gewöhnlich »Erlöser und Herr« sagt, sagt die Bibel es nicht so. Sie sagt immer »Herr und Erlöser«. Die Reihenfolge ist anders herum. Petrus erinnert uns, Christus, den Herrn, in unseren Herzen zu heiligen (1. Petr. 3,15), das heißt, Er soll Seine Stellung als Herr bekommen.

Als Josua den Angriff auf Jericho vorbereitete, erschien ihm ein Mann mit einem Schwert in der Hand. Bevor Josua bemerkte, wer der Mann war, fragte er: »Bist du für uns oder für unsere Feinde?« Und Er sprach: »Nein, sondern als der Oberste des Heeres des HERRN bin ich jetzt gekommen« (Jos. 5,14). Da bemerkte Josua, dass er mit dem Herrn sprach. Er fiel auf sein Angesicht zur Erde und huldigte Ihm, nannte Ihn Herr und übergab Ihm das Kommando.

Darin steckt eine wichtige Lektion für uns. Der Erlöser kommt nicht nur in unser Leben, um einfach auf unserer Seite zu sein und ganz gewiss nicht als unser Gegner. Er will Herr sein, Er will das Kommando übernehmen. Wie kann ich Ihn Herr nennen, wenn ich mich Seinem Ruf, Ihm ganz nachzufolgen, widersetze? Wir müssen tun, was Er sagt oder aufhören, Ihn Herr zu nennen.

Er weiß besser, was wir tun sollen

Da ist noch ein siebter Punkt, der des Nachdenkens wert ist. Wir tun so, als ob wir wüssten, welches der beste Plan für unser Leben ist. Wir wählen unseren Beruf, stecken unsere Ziele und gehen unseren eigenen Neigungen nach. Wir übersehen die Tatsache, dass Christus etwas unendlich *viel Besseres* für uns bereit haben könnte. Er kann einen besseren Lebensweg vorbereiten, als wir es uns je erträumen könnten. Gott hat wunderbare Schöpferkraft und phantastische Ideen. Er kennt Möglichkeiten, für die wir blind sind. Er will nur das Beste für die Seinen und so ist Sein Plan durch Seine unendliche Liebe und Weisheit geprägt. Der Gegensatz zwischen Seiner Sicht und der unseren ist riesig.

Ich zählte mein Silber, doch Gott sah Verlust,
Ich sah den Gewinn nur, doch Gott sah den Frust.
Ich schätzte mich reich; denn ich hatte genug.
Gott nahm mich trotz Lumpen und Schmutz, den
 ich trug.
Ich wollte, dass jeder es sieht, was ich kann,
Doch Er traf so selten beim Beten mich an.
Ach, endlich begriff ich, wie töricht es ist,
Wenn man übers Diesseits den Himmel vergisst.
Unbekannter Dichter

Wenn wir Ihm nicht die Herrschaft über unser Leben übergeben, zeigen wir Ihm eine merkwürdige Respektlosigkeit. Wir schätzen unsere Intelligenz höher ein als die Seine, indem wir ausdrücken, dass wir es besser wissen als Er.

Was bedeutet die Weigerung wirklich

R.A. Laidlaw, Autor des vielgelesenen Büchleins *The Reason Why*, fügt noch eine achte Betrachtung hinzu: »Es liegt wenig Ernsthaftigkeit darin, die ewige Seele Gott zur Errettung zu übergeben und Ihm dann das sterbliche Leben vorzuenthalten. Wir wagen es, uns von Ihm vor der Hölle bewahren und in den Himmel bringen zu lassen, aber wir sträuben uns, Ihm die Kontrolle über unser Leben hier und jetzt zuzugestehen.«

Ein Redner auf der Konferenz in Keswick wandte sich an die Jugend: »Die Menschen werden sagen: ›Der ist verrückt‹, wenn Du Dich Christus ganz ausgeliefert hast. Ich sage: ›Sei für Jesus Christus so verrückt, wie Du nur kannst.‹ Ich sage euch, wer die Verrückten sind. Es sind die, welche im Schatten von Golgatha stehen, die dem sterbenden Erlöser ins Angesicht schauen, wie Er sie mit Seinem Blut erkauft. Und dann gehen sie hin und tun, was sie selber wollen und leben ihr eigenes Leben.«

So wird die natürliche Folgerung der völligen Hingabe beschrieben:

Was soll ich Dir, Herr, geben,
Dir, der einst starb für mich?
Darf's wen'ger sein, als alles?
Nein, alles sei für Dich!
Herr Jesus, mein Erretter,
Gabst alles für mich hin.
Nicht nur die Reste, nein, auch das Beste,
Nimm alles, was ich bin!

Homer W. Grimes

Ein halbherziges Opfer

Ist es nicht seltsam, dass der normale Instinkt widerstrebt, wenn Gott ruft?

Als der Herr dem Mose gebot, sein Volk zu befreien, protestierte der Patriarch: »Wer bin ich, dass ich zu dem Pharao gehen und dass ich die Kinder Israel aus Ägypten herausführen sollte?« (2. Mo. 3,11). Später brachte er eine Entschuldigung vor: »Ach, Herr! Ich bin kein Mann der Rede, weder seit gestern noch seit vorgestern, noch seit Du zu Deinem Knechte redest; denn ich bin schwer von Mund und schwer von Zunge« (2. Mo. 4,10).

Jeremia argumentierte auch gegen Gottes Ruf: »Ach, Herr, Jahwe! Siehe, ich weiß nicht zu reden, denn ich bin jung!« (Jer. 1,6).

In einem Gleichnis im Neuen Testament vertraut ein hochgeborener Mann zehn Pfunde zehn Knechten zum Handeln an. Voller Hass sagten sie aber: »Wir wollen nicht, dass dieser über uns herrsche!« (Lk. 19,13-14).

Saulus von Tarsus widerstand eisern der überführenden Kraft des Heiligen Geistes, was aus den Worten des Erlösers hervorgeht: »Es ist hart für dich, wider den Stachel auszuschlagen« (Apg. 26,14).

C.S. Lewis berichtete, wie er ausschlug und sich wehrte, als der Herr ihn holte, »den widerstrebendsten Bekehrten von ganz England«. Viele unter uns verstehen genau, was er meint, weil das auch unsere Erfahrung war.

Rebellion

Jahrelang sind wir in die Irre gegangen wie Schafe, die nichts anderes wollten, als ihren eigenen Kopf durchzusetzen. Mit den Füßen stampfend brüllten wir trotzig: »Wir wollen nicht, dass dieser über uns herrsche!« Wir waren entschlossen, niemand in unserem Leben bestimmen zu lassen, der unsere Pläne und Wünsche durchkreuzen könnte.

Wir wollten Vergnügen und wir waren überzeugt, dass Gott uns das verwehren würde. Er war der Spielverderber aus dem Kosmos. Wir wollten die Achtung unserer Mitmenschen; um göttliches Einverständnis kümmerten wir uns nicht. Wir wollten selber auf dem Thron sitzen und sahen den Herrn als unrechtmäßigen Machthaber an, der sich einmischt.

Dann wurde unser Friede langsam erschüttert. Zurückblickend muss man sagen, da hat wohl jemand für uns gebetet. Ohne es uns zu wünschen, trafen wir Menschen, die sich nicht nur um sich selbst kümmerten. Sie bestanden darauf, uns mit Gott und Jesus zu konfrontieren, mit Sünde und Errettung, mit Himmel und Hölle. Es spielte keine Rolle, ob wir bei der Arbeit oder beim Einkaufen waren. Christen gaben uns Traktate. Auf einen Stein gemalt lasen wir vielleicht die Schrift »Jesus lebt«. Und oft, als wir das Radio oder das Fernsehen anschalteten, hörten wir irgendetwas, das Gott, den Himmel oder die Hölle betraf.

Auf einmal schien es so, als ob uns der Glaube auf Schritt und Tritt begegnet, gerade so selbstverständlich wie ein Telefonhäuschen oder eine Coca-Cola-Reklame.

Der Krieg bricht aus

Der offene Kampf begann. Wir sagten: »Lass uns in Ruhe!« Wie Saulus von Tarsus tobten wir gegen den Stachel und es war schwer. In gewissem Sinn waren wir auf Kriegsfuß mit dem Allmächtigen, aber es sah auch so aus, als würden wir vor Ihm davonrennen. In unserem Wahnsinn versuchten wir, vor dem Allgegenwärtigen zu fliehen.

Den, der die Welt erschaffen hat,
Bekämpfte ich in Wort und Tat,
Verwarf die Gnade fort und fort,
Zu stolz für einen Bergungsort.
Das Dunkel liebt' ich, nicht das Licht
Und wollte Gottes Gnade nicht.
So lauschte ich der Schlange Wort,
ganz sicher – ohne Bergungsort.

Francis Thompson

Es war vollkommen irrational. Wir bekämpften heftig, was für uns am Besten war. Wir dachten, der Erlöser würde uns unserer Freude berauben, wo Er uns doch wahrhaftige Freude schenken wollte. Wir glaubten, Sein Wille sei schlecht, nicht wünschenswert und schrecklich.

Aber in Wirklichkeit war es das Allerbeste, was Er mit uns vorhatte. Er wollte uns vor der Sünde erretten, die uns auf den Weg zur Hölle brachte. Er wollte uns ewiges Leben als freie Gabe schenken. Er kam nicht, um uns zu berauben, zu töten oder zu zerstören, sondern um uns Leben im Überfluss zu geben.

Das erinnert mich an einen Radioprediger, der gerade zu Bett gehen wollte, als das Telefon läutete. Es war eine dankbare und begeisterte Zuhörerin seiner Sendung. Sie hatte zwischen zwei Zügen Zeit und wollte ihn und seine Frau besuchen.

Er führte lauter Hinderungsgründe an. Der Weg vom Bahnhof wäre zu lang. Sie sagte, sie wolle einen Bus nehmen. Aber er warnte sie, dass der letzte Bus in einer halben Stunde fahren würden. »Das macht nichts, dann nehme ich halt ein Taxi.« Als ihm die Ausreden ausgingen, meinte er schließlich, dass sie kommen sollte. Das Taxi fuhr vor. Sie kam an die Haustür und blieb nur ein paar kurze Augenblicke. Beim Abschied drückte sie ihm ein Bündel Geldscheine in die Hand. Alles was sie wollte, war, ihn beim Kauf der Sendezeit zu unterstützen.

Später gab er zu: »Ich bin so froh, dass ich sie herein ließ.«

So war es bei uns. Christus klopfte bei Regen und bei Sonnenschein an unsere Tür. Wir schlossen zu und ließen Ihn draußen stehen. Unsere Freunde und Nachbarn hätten wir nicht so behandelt. Alles was Er wollte, war, uns ewiges Leben zu schenken.

Vergebliche Suche

Wir schweiften umher in der Absicht, Freude zu finden. Wir tranken aus zerbrochenen Zisternen. Aber Christus bot uns ein Wasser an, durch das wir niemals mehr durstig sein würden, wenn wir davon trinken. Unsere Sünden standen uns näher als Christus.

Es gab Momente, da wurden wir tatsächlich schwach und dachten, vielleicht sollten wir den Retter annehmen. Der Prediger sagte schließlich, wir hätten nichts zu verlieren, vielmehr alles zu gewinnen.

Aber was würden unsere Freunde davon halten? Wir schämten uns. Wegen Jesus! Bei dem Gedanken, Jesus vor anderen zu bezeugen, lief es uns kalt den Rücken hinunter. Na ja, wir brauchten es ja nicht weiterzuerzählen, dass wir errettet und wiedergeboren waren. Wir sahen schon ihre feixenden Gesichter und hörten ihre spöttischen Bemerkungen. Wir spürten schon ihre höhnischen Blicke.

Überführung

Inzwischen wurden wir immer mehr von Sünde überführt. Tag und Nacht lastete Gottes schwere Hand auf uns. Wie bei David »verwandelte sich der Saft in Sommerdürre« (Ps. 32,4). Sobald wir unser gutes Herz zur Verteidigung anführten, erinnerte uns der Heilige Geist an unser Gedankenleben. Es wurde uns klar, dass niemand mit so befleckten Gedanken, wie die unseren, in das Königreich Gottes kommen würde. Anstatt zu schlafen waren wir hellwach. Die Sündenlast, die Furcht vor dem Richterspruch und die zu erwartende Strafe lasteten schwer auf uns. »Hölle« war nicht mehr nur ein Fluchwort, das wir gedankenlos aussprachen; es war eine erschreckende Wirklichkeit. Mit scheinheiligem Geschick versuchten wir die Emotionen, die unsere Seele aufwühlten, vor unseren Freunden zu verbergen. Was waren wir doch für gute Schauspieler. Aber wir waren zerfressen von Furcht und Verwirrung und verstrickten uns in lauter Widersprüche. Mit einem Wort, unser Leben zerbröckelte. Wie C. S. Lewis spürten wir »das beständige und unausweichliche Nahen dessen, dem wir auf keinen Fall begegnen wollten«.

Errettung

Schließlich kam dann der Tag, den wir gefürchtet hatten. Niedergeschlagen und entblößt von Härte und Stolz stammelten wir Worte einer vorbehaltlosen Übergabe an den Herrn:

Oft habe mit Gott ich gerungen,
Jetzt räum' ich geschlagen das Feld.
Von sterbender Liebe bezwungen,
Anbet' ich Dich, siegender Held!

Das drücken Christen aus, wenn sie das Lied von Charlotte Elliott singen:

So wie ich bin, so muss es sein,
Nicht meine Kraft, nur Du allein;
Dein Blut wäscht mich von Flecken rein,
O, Gottes Lamm, ich komm, ich komm.

So wie ich bin, vom Sturm gejagt,
Mit bangen Zweifeln oft geplagt,
Vom Feind bedroht und sehr verzagt,
O Gottes Lamm, ich komm, ich komm.

So wie ich bin, blind arm und irr,
Such ich, was mir gebricht in dir:
Licht, Reichtum, deiner Gnade Zier;
O Gottes Lamm, ich komm, ich komm.

Grad wie ich bin, nimmst Du mich an,
Die Sündenschuld ist abgetan,
Weil ich auf Dein Wort trauen kann,
O Gottes Lamm, ich komm, ich komm.

Grad wie ich bin, was mich noch hält,
Vor Deiner Lieb' wie Staub zerfällt,

Dir hab' ich ewig mich vermählt,
O Gottes Lamm, ich komm, ich komm.

Ende der Verfolgungsjagd. Der himmlische Verfolger hatte uns eingeholt. Keuchend, schwach und hilflos lagen wir am Fuß des Kreuzes. Die Meinung unserer Freunde kümmerte uns nicht mehr. Nur noch wie Er dachte, fiel ins Gewicht. Jetzt fing es uns zu dämmern an, dass unser vermeintlicher Feind und Verfolger in Wirklichkeit unser bester Freund war. Unsere Angst war grundlos gewesen. Als wir vor dem Herrn Angst hatten, sind wir in Wirklichkeit vor Segnungen ausgerissen.

Der Kampf war ausgekämpft. Wir hatten jetzt durch den Herrn Jesus Christus Frieden mit Gott. Wir standen jetzt auf der Seite des Siegers. Und all jene nervigen Christen, die uns keine ruhige Minute ließen, waren ganz plötzlich unsere Brüder und Schwestern, denen wir zutiefst dankbar waren.

Lewis fragt: »Wer kann diese Liebe gebührend bewundern, die Liebe, die ihre weiten Tore für einen Vergeuder öffnet, der puffend, um sich schlagend und wütend jede Möglichkeit ergreifen würde, um zu entkommen?«

Ein neuer Kampf

Aber ein erneuter Kampf begann. Zwar hatten wir dem Herrn unsere Seele zur ewigen Errettung anvertraut. Aber jetzt tauchte ein neues Problem auf. Würden wir Ihm unser Leben zu Seinem Dienst ausliefern? Können wir Ihm zutrauen, dass Er unser irdisches Leben in die Hand nimmt?

Unser störrischer Wille legte einen hohen Gang ein. Wir wussten, was wir tun sollten, aber wir waren nicht bereit dazu. Wir wussten, die göttliche Logik verlangte völlige Hingabe, aber das könnte ja unsere Pläne, die wir für unsere Zukunft entwickelt hatten, zunichte machen: Eine idyllische Ehe und niedliche Kinder; einen tollen Beruf oder eine Arbeit, die große Verdienstmöglichkeiten, Erfolg und einen guten Ruf in der Gesellschaft verspricht; ein Haus im Grünen; Bequemlichkeit, Sicherheit, Vergnügen und, o ja – auch etwas Zeit, um dem Herrn zu dienen.

Allem äußeren Anschein nach fühlten wir uns wohl in der Welt. Alles klappte. Unsere Verwandten und Bekannten bewunderten unseren Erfolg. Sie wussten jedoch nichts über die tiefe Unruhe in unserem Herzen. Wir kamen uns vor, als ob wir Schatten haschen wollten. Innerlich kämpften wir damit, ob wir uns ganz hingeben sollten.

Wir fürchteten uns davor, was Sein Wille uns bescheren würde. Ganz gewiss würde es nicht so glanzvoll wie das Leben sein, das wir uns ausgemalt hatten. Wir duellierten uns mit Gott und horchten zu lange auf unsere Einwände. Nie kam es uns in den Sinn, dass der Herr bessere Möglichkeiten für uns haben könnte, solche, wie wir sie uns gar nicht vorstellen konnten. Möglichkeiten, in denen wir Erfüllung finden würden und die uns vor Glück taumeln lassen würden.

Unterwerfung

Endlich sahen wir unsere Torheit ein. Der Heilige Geist zog die Rollos von unseren Augen. Wir erkannten, der

Gott unendlicher Liebe will nur das Beste für die Seinen. Wir begriffen endlich, dass Sein Wille der Beste ist. Und so taten wir etwas, was noch nie geschehen war. Zum ersten Mal beugten wir unsere Knie und lieferten uns Ihm als ein lebendiges Opfer aus. Wir sagten dem Sinn nach: »Wohin Du willst, Herr. Zu jeder Zeit. Und alles, was Du willst.« Es war so logisch. Es war so sinnvoll. Wie hätten wir Ihm weniger als unser Bestes geben und für Ihn leben können, nach all dem, was Er für uns getan hat?

Wir hatten Ihm unser Leben schon zur Errettung übergeben. Jetzt gaben wir es Ihm auch zum Dienst hin. Wir sagten:

Jesu, Herr und Meister,
Dein Lieben hat gesiegt,
Mein überwund'ner Wille
Sich gern in Deinen fügt.
Befreit von Satans Fesseln
Bin ich Dir untertan,
Dass Deine Liebesabsicht
Durch mich geschehen kann. E. H. Swinstead

Nach einiger Zeit aber lernten wir eine schmerzliche Lektion. Unser lebendiges Opfer hatte eine erbärmliche Neigung, nämlich von dem Altar herunterzukrabbeln. Es war bestenfalls ein sich windendes Opfer.

Wir sahen ein, dass ein einmaliger Entschluss zur Unterwerfung nicht genug war. Die Übergabe ein für alle Mal musste eine fortlaufende Übergabe zur Folge haben. Jeden Morgen mussten wir zum Herrn kommen und uns Ihm neu ergeben. Jeden Morgen mussten wir neu unseren Willen dem Seinen unterstellen.

So kamen wir dazu, uns täglich hinzuknien und zu beten: »Herr Jesus, ich weihe mich Dir wieder für die nächsten 24 Stunden.«

Als sich dann Sein Wille entfaltete, fanden wir überhaupt erst den wirklichen Grund unserer Existenz. Ein neuer Friede und eine neue Gelassenheit kehrte in uns ein. Demütig stellten wir fest, dass Gott in und durch uns wirkte und dass, wenn unser Leben das Leben anderer berührte, etwas für Gott geschah.

Nachdem wir unser Leben dem Herrn übergeben hatten, lebten wir den ganzen Tag hindurch in dem Wissen, dass Er uns leitete und lenkte und uns gebrauchte.

Oberflächliche Ziele

Wenn Christus unser Leben lenkt, bewahrt Er uns davor, unser Leben mit Oberflächlichkeiten zu vertun. Er garantiert uns, dass wir in der Ewigkeit Früchte davon haben werden. Vielleicht merken wir es noch nicht jetzt, aber es stimmt auf jeden Fall.

Es ist schmerzlich zu sehen, wie Menschen, die im Bilde Gottes erschaffen waren, ihre Zeit mit so seichten Dingen vergeuden. Es ist besonders traurig zu beobachten, dass Christen ihre Kraft und ihre Gaben für unwesentliche Dinge verschwenden.

Wie man sein Leben vergeudet

Wer möchte wohl in einer vergänglichen Welt die besten Kräfte seines Lebens dazu verwenden, die mikrobische Substanz eines baumwollenen T-Shirts zu analysieren? Oder den Vorgang der Bräunung von Kartoffelchips? Oder den Mangel an Mineralien in Tomaten und Muscheln? Man muss sich zwar mit Kartoffelchips und Muscheln abgeben, um seine Familie zu versorgen. Aber etwas ganz anderes ist es, wenn man es sich zum Lebensinhalt macht.

Corrie ten Boom schrieb: »Wenn ein Haus brennt und Du weißt, dass Menschen darin sind, ist es eine Sünde, die Gemälde aus diesem Haus zu retten. Wenn die Welt um Dich herum in großer Gefahr schwebt, können Dinge, die in sich ganz sinnvoll sind, völlig falsch sein.«

Vance Havner sagte, dass viele Menschen es mögen, »in Schlammlöchern unbedeutender Dinge ertränkt zu sein und keine Zeit für große Taten zu haben. Und wenn sie die Bühne verlassen, ist es, als hätten sie nie gelebt.« Sie hatten nicht so sehr ein menschliches Leben gelebt, sondern eher das einer Amöbe.

Wie passend sind die Worte von Cornelius Plantinga, jr.:

> »Eine Karriere in Nichts – ein Schlendern durch Straßen, ein die Zeit Totschlagen, ein Schwätzchen halten, Filme anschauen, bis wir die Charaktere der Schauspieler besser als die unserer Kinder kennen … das macht das Leben zu einem langweiligen Gähnen gegenüber dem Gott und Retter der Welt. Der Mensch, der sich nicht aufrafft, der sich dem Nichts hingibt, sagt eigentlich zu Gott: Du hast nichts Interessantes geschaffen und niemand von Bedeutung erkauft, mich eingeschlossen.«[1]

Ist das alles?

Gibt es denn nichts Besseres im Leben, als Tore im Fußball zu schießen? Müssen wir wirklich eine weltliche Neigung bis zum Ende auskosten, bis wir herausfinden, dass dort nichts ist?

Sogar der Apostel Petrus schien an einem gewissen Punkt seine Vorrechte vergessen zu haben. Der Herr Jesus war vom Tode auferstanden. Die Welt brauchte verzweifelt die Botschaft der Errettung durch den Glauben an Ihn. Petrus' Hauptanliegen war das Fischen im See Genezareth. Die Zeiten haben sich nicht geändert. Wir hören die Botschaft, die Vergebung der Sünden und ewiges Leben im Himmel bedeutet und wir sagen

»Ich gehe golfen.« Oft denke ich daran, wie ein Christ eine wertvolle Lektion durch Monopoly erhielt:

> »Neulich spielte meine Familie Monopoly, zum ersten Mal seit 15 Jahren spielte ich es wieder. Ein bisschen von der alten Erregung und der Begeisterung kam wieder auf, besonders dann, als ich Gewinne machte. Alles ging für mich gut aus und ich kam groß heraus. Ich besaß Straßen und Plätze, ich hatte überall Häuser und Hotels.
>
> Meine Familie wurde unruhig und ich stopfte 500-Dollar-Scheine in meine Taschen, unter das Brett und den Sitz. Plötzlich war das Spiel aus. Ich hatte gewonnen. Shirley und die Kinder gingen schlafen und ich fing an, alles wieder in die Schachtel einzusortieren. Dann kam ein ganz leeres Gefühl in mir auf. Die ganze Aufregung von vorher war unbegründet. Ich besaß nicht mehr als diejenigen, gegen die ich gespielt hatte. Alles musste wieder zurück in die Schachtel.
>
> Der Herr zeigte mir, dass es über dieses Monopolyspiel hinaus etwas zu lernen gab. Ich erkannte, dass es im Spiel des Lebens genauso ist. Wir mühen uns ab und häufen an und kaufen und besitzen und legen an und plötzlich stehen wir an unserem Lebensende und alles muss zurück in die Schachtel! Wir können keinen Heller mitnehmen! Durch das Schattental folgen uns keine Lastwagen.«[2]

Es wird Zeit, Spaß und Spiel hinter sich zu lassen. Der Anblick Christi am Kreuz sollte uns von den Oberflächlichkeiten abkehren und unser Augenmerk auf Ziele von Ewigkeitsbedeutung lenken.

Adolf Saphir wendet sich in seinem Buch *The hidden Life* (Das verborgene Leben) besonders an junge Leute:

> Lass nicht zu, dass Deine Biografie so aussieht: »Er wandte sich Gott in seiner Jugend zu, dann wurde er lauwarm, er wurde von den Sorgen und gesellschaftlichen Belangen der Welt beschlagnahmt. Erst kurz vor seinem Tod sah er seinen Fehler ein und fühlte, dass nur eines wichtig war. Jahrelang war sein geistliches Leben nur durch Gebete von Freunden und dem wöchentlichen Gottesdienst aufrecht erhalten worden. Er hätte in der Gemeinde eine Säule sein können, aber er war nur ein Hindernis.«

Wechsel der Karriere

Manchmal führt die Art der Hingabe, wie wir sie beschrieben haben, zu einem Wechsel der Karriere. Möglicherweise ruft Gott jemanden aus seiner weltlichen Tätigkeit heraus und führt ihn in den vollzeitlichen Dienst für Sein Königreich. Aber dieser Satz ist ein Minenfeld. Er muss nun genau erklärt werden, sonst gibt es Schwierigkeiten.

Zuerst steht da das Wort »weltlich«. Nach einem weit verbreiteten Missverständnis nennen wir die Arbeit von Montag bis Freitag weltlich; was wir am Tag des Herrn tun ist geistlich. Diese Zweiteilung sollte für den Gläubigen nicht existieren. Die Arbeit an einer Drehbank kann genauso heilig sein wie das Lehren in einer Bibelschule, wenn es zur Ehre Gottes geschieht. Ein Büro kann ein geheiligter Ort für Christen sein, die durch ihr Leben, ihr Reden und ihre Arbeitsqualität ein Zeugnis sind. Die Zeit, die unser Herr in Nazareth an der Hobelbank verbrachte, war genauso heilig, wie die dreieinhalb Jahre Seines öffentlichen Dienstes. Arbeit kann weltlich sein, aber es muss nicht so sein; aber keine sogenannte weltliche Arbeit soll das Wichtigste in unserem Leben sein.

Der zweite Ausdruck, der erklärt werden muss ist »vollzeitlicher Dienst«. Im neutestamentlichen Verständnis ist jedes Kind Gottes ein vollzeitlicher Mitarbeiter. Aus Epheser 4,12 geht deutlich hervor, dass Gott Gaben verteilte, um die Heiligen für den Dienst auszurüsten. Es ist also nicht richtig, von einem Teil der Christen als vollzeitlichen Mitarbeitern zu sprechen. Das trifft auf alle Gemeindeglieder zu. Aber die Tatsache bleibt bestehen, dass Gott einige herausruft, die ihre ganze Zeit zum Predigen, Lehren und zum Hirtendienst zur Verfügung stellen sollen und diese werden durch Gaben von anderen Gläubigen unterstützt. (Ich hätte fast gesagt: »durch Gläubige, die ihren Lebensunterhalt verdienen«, aber das würde ein falsches Licht auf unsere schwer arbeitenden Missionare und Mitarbeiter in der Gemeinde werfen.)

Über den christlichen Dienst herrscht heutzutage meistens ein großer gedanklicher Wirrwarr. Wenn ein junger Mann ein überdurchschnittliches Interesse am Bibelstudium oder eine besondere Gabe fürs Predigen hat, so wird gleich beschlossen, er muss auf eine Bibelschule gehen und ein ordinierter Pastor werden. Dass einige große Denominationen Frauen ordinieren, schlägt in dieselbe Kerbe. Dieser Gedankengang ist zu allererst unbiblisch. Wenn die Ausbildung an einer theologischen Schule Voraussetzung für den christlichen Dienst wäre, so wären Jesus, die Jünger und der Apostel Paulus disqualifiziert. Die Urgemeinde wusste nichts von einem menschlich erdachten klerikalen System oder von einem Einmannsystem. Auch der Dienst einer Frau als ordiniertes Oberhaupt ist in der Schrift verboten (1. Tim. 2,12).

Weiterhin zeigt diese Auffassung eine enge Sicht davon, was mit geistlicher Arbeit gemeint ist. Meistens beschränkt man den Begriff auf das Predigen oder Lehren von der Kanzel. In Wirklichkeit bezeichnet die Bibel damit jede Art der Arbeit, die für den Herrn getan wird. Alle Gläubigen, die in Übereinstimmung mit der Schrift dienen, sind Mitarbeiter, ganz abgesehen von ihrem Alter oder Geschlecht.

Der Herr ruft manchmal Männer und Frauen aus einer Fabrik, aus einem Geschäft oder einem Büro heraus, damit sie Ihm ohne Ablenkung oder Zeiteinschränkung auf andere Weise dienen können. So ein Mensch braucht eine gewisse Zeit, um innerlich Klarheit zu bekommen. Auf ihm liegt, was die Propheten »die Last des Herrn« nannten. Er weiß, dass der Herr zu ihm spricht und ihm eine wachsende geistliche Leidenschaft auflegt. Er spürt eine göttliche Hand auf der Schulter. Er kann sie nicht abschütteln – und will es auch gar nicht. James Stewart beschreibt diese Erfahrung so:

> »Wenn jemand in Christi Augen geschaut und die Anziehungskraft Seines Lebensstils verspürt hat, wird er sich niemals mehr mit den Idealen und dem Standard begnügen, die ihm als passend erschienen, bevor Christus kam. Christus hat ihn für alles andere untauglich gemacht. Die alten Wertmaßstäbe sind zu Staub und Asche geworden.«

Petrus gab seinen Beruf an einem Tag auf, da er den größten Fischfang seines Lebens gemacht hatte, die Netze zerrissen schier vor lauter Fischen. Von einem anderen Boot musste er Hilfe herbeirufen. Beide Boote waren so schwer beladen, dass sie zu sinken drohten. Damals sagte Jesus: »Fürchte dich nicht. Von nun an wirst du Menschen fischen.«

Die Seelen heilen, nicht die Leiber

Gott führt auf verschiedene Weise. Zum Beispiel kann

ein Christ zunehmend von einer gewissen Leere in seinem Leben frustriert sein. Als Dr. Martyn Lloyd-Jones seine gewinnbringende und angesehene Arztpraxis aufgab, konnten seine Freunde das nicht verstehen. Lassen wir ihn zu Wort kommen:

»Die Leute sagten zu mir: »Warum geben Sie diese gute Arbeit, den tollen Beruf, die Arztpraxis auf? Wenn Sie z. B. ein Buchhalter wären und das aufgeben, um das Evangelium zu predigen, könnten wir das verstehen, würden Ihnen beistimmen und sagen, dass Sie etwas Gutes machen. Aber die Medizin aufgeben – so einen guten Beruf, wo man Menschen von ihren Schmerzen befreit und gesund macht!« Ein Mann sagte sogar: »Wenn Sie den Beruf eines Rechtsanwalts aufgeben wollten, bekämen Sie von mir einen Schlag auf die Schulter, aber die Medizin aufzugeben!« Ich wollte fast antworten: »Wenn Sie über den Arztberuf besser Bescheid wüssten, könnten Sie es verstehen. Die meiste Zeit verbringen wir damit, die Menschen fit zu machen, damit sie zu ihren Sünden zurückkehren!« Ich sah Menschen auf ihrem Krankenlager, ich sprach zu ihnen von ihren unsterblichen Seelen, sie versprachen große Dinge. Als es ihnen besser ging, gingen sie zu ihrem sündhaften Leben zurück! Ich erkannte, dass ich diesen Menschen dazu verhalf, zu sündigen und ich habe mich entschlossen, so nicht weiter zu machen. Ich möchte Seelen heilen. Wenn ein Mensch einen kranken Körper hat, aber seine Seele gesund ist, ist er am Schluss in Ordnung. Aber ein Mensch mit einem gesunden Körper und einer kranken Seele kann vielleicht 60 Jahre lang gut leben, aber dann hat er eine Ewigkeit in der Hölle vor sich. O ja! Manchmal müssen wir gute Dinge für das Beste aufgeben – für die Freude der Errettung und ein erneuertes Leben.«[1]

Ein anderer Arzt erzählte, er habe sein Skalpell weggelegt, um sich vollzeitlich einem Instrument zu widmen, das besser, zuverlässiger und schärfer als ein Lasermesser ist: Das Wort Gottes.

Der leitende Prokurist im Vorstand einer Supermarktkette äußerte einem Christen gegenüber, er ziehe sich zurück. Auf die Frage, warum, erwiderte er: »Ich komme abends erst nach sechs Uhr heraus und ich muss mir Arbeit mit nach Hause nehmen. Wenn mein Arbeitstag zu Ende ist, habe ich nicht mehr die Energie oder die Zeit, mich um die Sache Gottes zu kümmern. Der Preis hinsichtlich der Ewigkeit ist zu hoch.«

Abschied von der Luftwaffe

Jerry White verließ die angesehene Welt der Weltraumforschung, um christliche Jünger auszubilden. Er erklärt:

»Vollzeitliche christliche Arbeit war ein Berufszweig, der mir nicht lag und für den ich kein Interesse hatte. In meinem anfänglichen Leben als Christ hatte ich dazu weder Bezug noch eine Führung. Aber in einer Nacht im Mai 1972 sank ich auf die Knie und gestand Gott, dass ich bereit bin und dass ich meinen Beruf als Luftwaffenoffizier aufgeben werde, um in die vollzeitliche christliche Arbeit einzusteigen.

Viele kritisierten meinen Entschluss. Manche waren skeptisch. Ein Offizier im Ruhestand hielt mich für übergeschnappt. Meine Großmutter weinte. Meine Frau hatte anfänglich Bedenken. Die meisten meiner Verwandten waren schockiert. Andere hielten es für einen großen Glaubensschritt. Der Schritt erschien unlogisch, weil ich nur noch 6 ½ Jahre bis zu meiner Pensionierung vor mir hatte. Viele rieten mir, noch so lange zu warten.«[2]

Als White seine Karriere bei der Luftwaffe verließ, um in den vollzeitlichen Dienst für den Herrn zu gehen, marschierte er nach einem anderen Rhythmus. »Warum ich das tat? Das Gras war nicht grüner«, schrieb er später, »obwohl es grüner war. Es gab da keine größere Sicherheit – obwohl es sie gab. Es war wirklich eine tiefe Überzeugung, dass Gott mich gerufen hatte.«[3]

Jenny Lind, die berühmte schwedische Opernsängerin, bekehrte sich in New York und bald danach entschloß sie sich, die Bühne für immer zu verlassen. Eines Tages fand eine Freundin sie am Strand sitzen mit einer aufgeschlagenen Bibel im Schoß. Die Freundin fragte sie, warum sie so eine brillante Karriere aufgegeben habe. »Jeder Tag im Showbusiness machte, dass ich weniger an meine Bibel dachte und noch viel weniger an das, was nach diesem Leben auf mich zukommt – was blieb mir denn übrig?«

Ein Maler, der Christ war, hatte eine leicht bekleidete junge Frau gemalt, die, ein Baby an die Brust drückend, heimatlos auf einer dunklen Straße in Sturm und Regen dargestellt war. Plötzlich warf er den Pinsel auf die Palette und rief: »Anstatt die Verlorenen nur zu malen, will ich hingehen und sie retten.« Dieser Entschluss führte ihn als Missionar nach Uganda.

Ich muss immer lachen, wenn ich daran denke, was die Freunde C. T. Studds zu ihm sagten, als Gott ihn auf das Missionsfeld rief. »Du bist verrückt, dein Kricketspiel aufzugeben und Missionar zu werden. Konntest du nicht warten, bis du die besten Tage deines Krickets hinter dich gebracht hast? Könntest du als Kricketspieler nicht mehr für Gott erzielen? Warum gehst du als Missionar in ein Land, wo man nicht einmal etwas von Kricket gehört hat?« Aber Studd ließ den Unsinn hinter sich, um etwas Sinnvolles zu finden. Er verließ die Phantasie, um die Realität zu finden.

Drei Gläubige saßen an einem Tisch und genossen das Essen. Sie sprachen über Berufe und Berufungen. Einer fragte den Doktor: »Was war das Thema deiner Doktorarbeit?« Er antwortete: »Die hydrodynamische Grenze des total asymmetrischen einfachen Ausschlussprozesses mit nicht konstantem Geschwindigkeitsparameter.« Nachdem der Dritte sich von der Last der Ausdrücke erholt hatte, fragte er: »Warum ist das wichtig?« Der Doktor, ein geistlicher und hingegebener Jünger Jesu, dachte eine Minute lang nach. Das war ein langes Schweigen. Dann kam die denkwürdige Antwort: »Meine Unfähigkeit, Fragen dieser Art zu beantworten, ist der Grund, warum ich mich entschlossen habe, dieses Betätigungsfeld zu verlassen.«

Viele haben ihren Beruf aufgegeben, weil sie darin zu sehr in die Dinge dieses Lebens verwickelt wurden. Dr. Alexander Maclaren schrieb hierzu:

»Zur Zeit von Paulus gab es kein stehendes Heer,

sondern die Männer wurden von ihrer gewöhnlichen Beschäftigung einberufen und ins Feld geschickt. Wenn der dringende Ruf kam, blieb der Pflug in der Furche und das Gewebe im Webstuhl stecken; der Bräutigam verließ seine Braut und der Trauernde den Aufgebahrten. Die ganze Heimatindustrie war lahmgelegt, während die Männer der Nation im Feld waren.«[4]

Guy H. King setzt Maclaren den Kommentar hinzu:

> »Er darf sich nicht in bürgerliche Interessen verwickeln lassen, wenn von ihm erwartet wird, dass er seine ganze Energie für den Krieg einsetzt. Für diese Zeit muss er allem, was sein Soldatsein beeinträchtigt, abschwören. Eine ähnliche Aufopferung kann man beim Soldaten des Kreuzes beobachten. Er wird herausfinden, dass er gewisse Dinge, Interessen, Gewohnheiten, Vergnügungen und sogar gewisse Freunde aufgeben muss – nicht, weil sie in sich falsch sind, sondern weil sie eine Verstrickung, ein Fallstrick für ihn bedeuten; sie sind seinem Erfolg als Soldat im Wege. Er kritisiert nicht seine Mitchristen, wenn solche Dinge ihnen nicht schaden – es ist nicht an ihm zu kritisieren; obwohl er gefragt seine Meinung äußern und den Grund seiner eigenen Ablehnung erklären darf. Alles, was uns hindert, das Beste für den Herrn zu geben, muss geopfert werden – wie harmlos es auch immer anderen erscheinen mag und wie attraktiv auch immer es für uns ist; sogar wenn es uns so viel wert ist wie eine Hand, ein Fuß oder ein Auge (Mt. 18,8-9). Es ist natürlich klar, dass es viele Dinge im Leben

eines christlichen Kämpfers gibt, denen er sich widmen muss, familiäre und gesellschaftliche Angelegenheiten oder Geschäftliches – sie müssen umso besser getan werden, weil er ein Christ ist. Aber die Betonung liegt auf dem Wort ›Verstrickung‹, das ist der Punkt. Wenn irgendetwas, das andernfalls gestattet ist, zu einer Verstrickung wird, muss man es mit Ernst und Opferbereitschaft aufgeben.«[5]

Was ist zu tun?

Wenn jemand eine göttliche Hand auf der Schulter spürt, sollte er seine Belange mit den Ältesten seiner Gemeinde besprechen. Niemand kann seine eigene geistliche Gabe oder seine Fähigkeit zum Dienst selbst richtig einschätzen. Die Ältesten werden erkennen, ob er der Arbeit aus dem Weg geht, ob er überall anders ein Versager ist oder, ob er arbeitslos ist und das als eine Lösung ansieht.

Wie wir schon gesehen haben, ist fast bei jedem ernsthaften Ruf Gottes ein gewisses Maß an persönlichem Widerstreben und menschlicher Unzulänglichkeit dabei. Bei Mose und Jeremia war es genauso. Aber die eindringliche Stimme Gottes schwemmt solches Zögern weg. Es gibt dann nur einen gangbaren Weg und das ist der Weg vorwärts.

Was ist also der Schluss? Was ist besser, eine weltliche Beschäftigung oder eine vollzeitliche christliche Arbeit? Die Antwort lautet: Nichts ist besser, als am Platz nach Gottes Wahl zu sein, wo immer es auch ist.

Aber wie können wir das erkennen? Es gibt nur eine Möglichkeit: Uns Ihm rückhaltlos auszuliefern. Das bedeutet, unser Leben Ihm zu übergeben, nicht nur zur Errettung, sondern auch zum Dienst. Es meint, unsere Leiber Ihm als lebendige Opfer darzubringen. Wenn wir unseren Willen gegen den Seinen eintauschen, ist es Seine Verantwortung, uns deutlich zu zeigen, was wir tun sollen. Und wenn Er uns das zeigt, wird die Führung so klar sein, dass eine Weigerung bewusster offensichtlicher Ungehorsam wäre.

> Ich höre Ihn rufen: Folge mir nach!
> Weiter nichts.
> Mein irdisches Gold wurde trüb,
> Doch herzlich gewann ich Ihn lieb.
> Ich stand auf und folgte.
> Weiter nichts.
> Nun, würdest du auch kommen,
> Wenn du den Ruf vernommen?

Amy Carmichael

Ein potentielles Problem

Manchmal taucht ein Problem auf, wenn ein Berufswechsel am Horizont erscheint. Der Ruf ist laut und klar für einen Ehepartner, aber die andere Person hört den Ruf nicht. Nimm den Fall eines Ehepaars, das 15 Jahre lang im Ausland gedient hatte. Jetzt fühlt Hans (nur die Namen sind erdacht), dass es Zeit ist, heimzukehren. Aber Gretel fühlt sich genauso stark wie immer auf das Missionsfeld gerufen. Sie war eine hervorragende Kraft gewesen, sie hatte die Sprache erlernt, sie identifizierte sich mit den Einheimischen und fühlt sich tatsächlich hier mehr beheimatet als in den Staaten. Was macht man da? Wie lösen sie diesen scheinbaren Konflikt? (In diesem Fall unterwarf sie sich der Führung ihres Mannes).

Der Konflikt kann auch anders aussehen. Es könnte sein, dass Fritz spürt, der Herr möchte ihn in Vollzeitdienst nehmen, aber Anna teilt diese Meinung nicht. Der Nestinstinkt ist stark; sie wird geleitet von dem Bedürfnis nach Sicherheit für die Kinder und sich. Sie hat keinen Frieden darüber, die augenblickliche Lage zu verändern. Sie wird gequält von Zögern und Angst.

Bei der Suche nach einer Lösung des Problems ist es wichtig, festzustellen, in welchem Grad der widerstrebende Ehepartner sich dem Herrn ausgeliefert hat.

Wenn es die Frau ist und sie bereit ist, mit ihrem Mann zu gehen, so ist das für ihn genug, um die Veränderung vorzunehmen. Ich weiß von einer Frau, die keinen Ruf Gottes hörte, der sie in die Mission führte, aber sie war bereit, als Frau eines Missionars mitzugehen.

Aber wenn eine Ehefrau sich strikt weigert, wäre es töricht von ihm, zu gehen. Sie sind ein Fleisch (Eph. 5,31). Er soll Epheser 5,22 (ihr Frauen, seid unterwürfig euren eigenen Männern als dem Herrn) nicht wie eine Waffe gebrauchen, um sie zu zwingen. Er sollte ihr geistliches Urteil und ihre Eingebung respektieren und erkennen, dass es Gottes Weg sein könnte, um ihn vor einer geistlichen Katastrophe zu bewahren. Und sollte sie missmutig mitgehen, so wäre sie ihm keine fröhliche Gehilfin.

Das Beste für ihn ist hier anhaltendes Gebet. Gott kann ihren Sinn verändern. Natürlich ist es ein Idealfall, wenn beide Ehepartner vollkommen hingegeben sind und kooperativ und voller Freude dem Willen des Herrn folgen wollen. Der Mann sollte beten, dass Gott so eine Einheit schenkt.

Wenn es nicht so kommt, sollte er ohne Anschuldigungen bei seiner gegenwärtigen Arbeit bleiben und erkennen, dass dies sein verordneter Weg ist. Der Herr wird ihn für den Wunsch belohnen, auch wenn er nicht ausgeführt werden konnte. Inzwischen sollen er und seine Frau dort mitarbeiten, wo sie sind.

Es ist möglich, dass ein Ehegatte dem anderen nicht nur verbietet, einen Wechsel vorzunehmen, sondern dass er oder sie konsequent dagegen ist, überhaupt irgendeine Aufgabe im christlichen Dienst zu übernehmen. Das ist das Schlimmste, was passieren kann. Wenn Gott nicht eingreift, wird das Leben zu einer passiven Koexistenz. Anhaltendes Gebet ist die einzige Möglichkeit.

Eine erforschende Frage

Wenn wir über das Thema Beruf und Berufung nachdenken, sollten wir uns an die erforschende Frage von Michael Griffith erinnern: »Wofür wollen wir leben? Wird es bemessen nach kleinen Belohnungen und Erfolgen, einigen Zeugnissen der Ausbildung, einigen Silberpokalen, die von sportlicher Bravour zeugen, einigen Medaillen, Zeitungsausschnitten, beruflichen Erfolgen, Ansehen in der Gesellschaft, einem netten Abschiedsgeschenk beim Ausscheiden aus dem Beruf, einer schönen Todesanzeige und einer gut besuchten Beerdigung? Ist das der ganze Sinn unseres Lebens?«[5]

Fünfter Teil

Die Erfahrung der Hingabe

Es ist ein Wendepunkt

Wenn wir von einem Wendepunkt der Hingabe sprechen, meinen wir den Zeitpunkt, wo ein Mensch erstmalig sein Leben dem Herrn ausliefert, so dass Er damit tun kann, was Er will. Es wäre schön, wenn dies bei der Bekehrung geschieht. Manchmal ist es so, aber nicht immer.

Manchmal weiß er oder sie bei der Errettung noch sehr wenig. Er kann nur sagen: »Ich war ein armer, verlorener Sünder, aber Jesus starb für mich.« Oder sie sagt vielleicht: »Ich war blind, aber jetzt sehe ich.« Nichts desto weniger vertraut jeder auf das vollendete Werk des Erlösers zur Errettung. Das ist das Ausmaß ihrer augenblicklichen Theologie.

Wenn sie dann im Glauben wachsen, dämmert ihnen allmählich, was auf Golgatha geschah und ihre Überzeugung, dass der Herr Jesus alles verdient, was sie haben, nimmt zu. Auch dann kann es noch ein Kampf sein, die persönlichen Pläne und Ambitionen aufzugeben. Darum beschreiben die Worte »unterwerfen« und »übergeben« so passend den Wendepunkt der Hingabe.

Bei dieser Übergabe sagt man zum Herrn: »Wohin immer Du willst, dass ich gehe. Was immer Du willst, dass ich sage. Was immer Du willst, dass ich tue.« Und: »Nicht nur einen Teil oder nur mein halbes Herz, ich will Dir alles geben.« Nichts wird zurückbehalten, nichts weniger als das ganze Herz. Sie erkennen, es muss alles oder nichts sein, denn, wie Michael Griffith sagt: »Im Anspruch und Befehl Christi liegt eine bemerkenswerte Qualität von ›alles oder nichts‹. Von jetzt an muss der Wille Gottes gelten – nichts mehr, nichts weniger, nichts anderes.«

Wenn wir uns so hingeben, wissen wir, dass wir unser Leben als lebendiges Opfer auf den Altar legen. Und so können wir sprechen:

O Gottes Sohn, der mich geliebt,
Ich will nur Dich zum Herrn.
Und alles, was ich hab' und bin,
Geb' ich Dir fortan gern! F. R. Havergal

Spurgeon drückt es so aus:

»O großer und unerforschlicher Gott, der mein Herz kennt und all meine Wege prüft; in demütiger Abhängigkeit von der Unterstützung des Heiligen Geistes übergebe ich mich Dir als Dein eigenes verständiges Opfer, ich kehre als Dein Eigentum zurück. Ich möchte für immer rückhaltlos und unaufhörlich Dein sein. Solange ich auf Erden wandle, möchte ich Dir dienen. Ich möchte mich an Dir erfreuen und Dich in Ewigkeit preisen! Amen.«

Hudson Taylor fand ähnliche Worte zur Übergabe:

»Ich erinnere mich gut daran, wie ich mich selbst, meine Freunde, ja alles auf den Altar legte und ein feierlicher Ernst in meine Seele einzog, als ich sicher war, dass mein Opfer angenommen wurde. Die Gegenwart Gottes wurde unbeschreiblich real und segnend und ich erinnere mich wie ich mich zu Boden warf und so vor Ihm lag in unsagbarem Staunen und unsagbarer Freude. Ich wusste nicht, für welchen Dienst ich bestimmt war, aber ein tiefes Bewusstsein davon, dass ich nicht mir selbst gehörte, ergriff Besitz von mir und verlöschte niemals mehr.«

William Borden, ein Millionärssohn, schloß 1909 die berühmte Yale Universität ab. Er verließ alles, um das Evangelium zu den Moslems zu bringen. Er starb mit 26 Jahren in Kairo auf dem Weg nach China und hinterließ einen heute noch spürbaren Einfluss auf die christliche Welt. Sein Gebet der Übergabe lautete so:

»Herr Jesus, was mein Leben angeht, so nehme ich meine Hände vom Steuer. Ich setze Dich auf den Thron meines Herzens. Verändere, reinige, gebrauche mich nach Deinem Ermessen. Ich nehme die ganze Kraft Deines Heiligen Geistes an. Ich danke Dir.«

Jim Elliot überschlug die Kosten, dann betete er:

»Vater, nimm mein Leben, ja, mein Blut, wenn Du willst und verbrenne es mit Deinem umfassenden Feuer. Ich möchte es nicht bewahren, denn es gehört nicht mir. Nimm es, Herr, nimm alles. Gieße mein Leben aus als ein Opfer für die Welt. Blut hat nur einen Wert, wenn es vor Deinem Altar ausgeschüttet wird.«

In Südkarolina fand eine junge Frau eine ungewöhnliche Form der Übergabe. Sie nahm ein leeres Blatt Papier und setzte ihre Unterschrift unten hin. Das was ihre Art, Gottes Willen anzunehmen, was auch immer es sein würde. Sie überließ es Ihm, die Einzelheiten aufzufüllen.

Was wird passieren, nachdem jemand diese große Übergabe gemacht hat? Manche mögen eine emotionelle Erfahrung machen. Andere wieder nicht. Aber man sollte irgendwie erleichtert sein, weil man das Richtige getan hat. Man sollte die Sicherheit haben, dass der Herr das Opfer angenommen hat. Darüber hinaus sind Gefühle nicht wichtig. Was zählt, ist, dass wir uns Ihm ernsthaft übergeben haben: »Ich liebe meinen Herrn. Ich möchte nicht frei sein.«

Wir werden niemals denken, wir hätten etwas Außergewöhnliches getan. Im Licht des Kreuzes war es kein bemerkenswertes Opfer. Wir werden mit dem unbekannten Dichter sprechen können:

Ich seh' mein armes Opfer an
Im Licht, das Du beschert:
Geb' nur, was ich nicht halten kann,
Und was mir nichts mehr wert.

Schließlich wird uns aufgehen, dass alles weniger als völlige Auslieferung nur »polierte Sünde« ist.

Zerbrich, wie immer es auch heißt,
Was mich aus dessen Nähe reißt,
Der starb, dass Er mich finde.
Auch Lieb' und was mir teuer ist
Und Träume, die man nicht vergisst,
Wo Du nicht Ziel und Mitte bist,
Sind nur polierte Sünde. J.A. Trench

Es gibt eine Geschichte, die erzählt wird und obwohl von Zeit zu Zeit die Details sich ändern, bleibt die Moral davon gleich: Eine Gruppe Wanderer kam an einen Fluss. Eine Stimme sagte: »Nehmt so viele Kieselsteine aus dem Fluss, wie ihr wollt, überquert dann den Fluss und geht weiter. Ihr werdet froh sein und ihr werdet traurig sein.« Die Reaktion war verschieden. Manche lasen auf, so viel sie bequem tragen konnten, sie hatten ja schon ihre Campingausrüstung zu tragen. Andere begnügten sich mit einer Handvoll. Und noch andere glaubten, sie hätten schon genug im Leben zu tragen; sie meinten, sie bräuchten nichts zusätzlich.

Als sie den Fluss überquert hatten und einige Meilen vorangekommen waren, verwandelten sich die Kieselsteine alle in Smaragde. Sie freuten sich über die Steine, die sie mitgenommen hatten und bedauerten, dass es nicht noch mehr waren.

Genauso ist es mit der Hingabe. Wir werden froh sein über das Maß, in dem wir unser Leben dem Herrn übergeben haben. Und es wird uns leid tun, dass wir ihm nicht mehr gaben.

Wenn ich schau' in Sein strahlend Gesicht,
Dorngekrönt einst – jetzt nur voll Licht,
Wünscht' ich heiß, dass ich mehr noch Ihm gab,
Mehr, so viel mehr!
Mehr meines Lebens und was ich nur hab'.
Wenn ich nur schau' in Sein strahlend Gesicht,
Wünscht' ich heiß, dass ich mehr noch Ihm gab.

Seh' die Hand ich, die alles erschafft',
Durchnagelt einst – jetzt nur voll Kraft,
Wünscht' ich heiß, dass ich mehr noch Ihm gab,
Mehr, so viel mehr!
Mehr meines Lebens und was ich nur hab'.
Seh' die Hand ich, die alles erschafft',
Wünscht' ich heiß, dass ich mehr noch Ihm gab.

Wenn ich knie vor Dir, Gottes Sohn,
Du, der einst litt – jetzt auf dem Thron,
Wünscht' ich heiß, dass ich mehr noch Dir gab,
Mehr, so viel mehr!
All meine Schätze und was ich nur hab'.
Wenn ich knie vor Dir, Gottes Sohn,
Wünscht' ich heiß, dass ich mehr noch Dir gab.

Unbekannter Dichter

Ende der siebziger Jahre entwickelte die US-Navy ein automatisches System zur Landung von Fliegern auf einem Flugzeugträger. Der die Landung überwachende Offizier weist dabei den Piloten an, das Flugzeug in eine Linie mit dem nebelverschleierten Flugdeck zu bringen. Bei der Landung gibt er dann den Befehl: »Nehmen Sie Ihre Hände weg von allen Instrumenten.« Das Flugzeug würde das Deck ansteuern, »taumelnd und zitternd, während die Computer seinen Kurs übereinstimmend mit dem Deck des Flugzeugträgers korrigierten«. Der Pilot war so lange sicher, wie er die Hände weg von den Instrumenten hielt. Andernfalls würde er eine Bruchlandung verursachen.

Der Herr sagt zu uns: »Nimm deine Hände von den Instrumenten. Ich werde dich sicher heimgeleiten und das mit voller Fracht.«

Es ist ein Prozess

Wie schon gesagt, ist ein einmaliger Akt der Übergabe nicht genug. Was als Wendepunkt begann, muss sich als Prozess weiterentwickeln. Man braucht eine Übergabe ein für allemal, der eine oft wiederholte Übergabe folgt. »Der Geist ist willig, aber das Fleisch ist schwach.« Wir legen die Hand kühn an den Pflug, aber wenn die Kosten der Jüngerschaft auf uns einstürzen, schauen wir zurück. Deshalb schrieb John Oxenham:

Wer Christi ernstem Ruf entspricht,
Gibt alles hin und zaudert nicht.
Wer ängstlich rückwärts schielt,
Wenn Gott ihn mit dem Pflug betraut,
Und bange wird, nicht vorwärts schaut,
Hat seinen Ruf verfehlt.
Der Herr will ihn für sich allein;
Er darf nicht eines andern sein.

Der Tendenz, zurückzuschauen, wird durch eine tägliche Übergabe an den Herrn Jesus abgeholfen. Charlotte Elliott sprach das in einem Vers aus:

Erneu' den Willen Tag für Tag,
Dass er Dir ganz entsprechen mag.
Mach' Bahn, dass er nur immer sag:
»Dein Wille soll gescheh'n!«

Bischof Taylor Smith kniete jeden Morgen an seinem Bett nieder und betete: »Herr Jesus, dieses Bett ist Dein Altar und ich bin Dein lebendiges Opfer.«

Austausch des Willens
Anne Grannis beschrieb dies als einen täglichen »Willensaustausch«.

Ach, wär' mein Herz vom »Ich« befreit,
Dass Jesus darin wohnt,
Und alles, alles Ihm geweiht,
Damit Er darin thront!
Doch seit ich weiß, was dazu dient,
Geh' früh, wenn alles still im Haus,
Ich in mein Kämmerlein zu Ihm
Und lief're meinen Willen aus.
Er nimmt ihn gnädig an von mir
Und gibt mir Seinen dann dafür.
So bin ich für den Tag bereit,
Gab jede Freude Ihm und Leid,
Er tut mir Seinen Willen kund,
Ich muss nur auf Ihn lauschen,
Wenn wir zu früher Morgenstund'
Täglich den Willen tauschen.

Glaube, dass Er die Kontrolle übernommen hat
Was passiert dann? Wahrscheinlich nichts Sensationelles. Wenn wir erwarten, dass Blitze aufleuchten, Glocken läuten oder Erregungen unsere Nerven kitzeln, werden wir möglicherweise enttäuscht sein. Wir werden ohne Trompetenschall unsere normale tägliche Arbeit aufnehmen. Manches davon wird Routine sein und manches erniedrigend. Wenn es Aufgaben gibt, die uns keine besondere Freude bereiten, erledigen wir sie in dem Bewusstsein, dass sie ein Teil von Gottes Willen sind. Als eine Antwort auf unsere Über-

gabe nehmen wir an, was auch immer Er uns zuteilt – Pannen, Unterbrechungen oder Gipfelerlebnisse.

Ein englischer Evangelist mit Namen Harold Wildish hatte folgenden hilfreichen Rat vorne in seine Bibel hineingeklebt:

»Wie du die ganze Last deiner Sünde auf das vollbrachte Werk der Erlösung Christi legst, so lege auch die ganze Last deines Lebens und Dienstes und alles Übrige auf den Heiligen Geist, der uns durch Seine Gegenwart und Sein Innewohnen heiligt. Übergebe dich jeden Morgen neu der Führung des Heiligen Geistes, fahre fort, Ihn zu preisen und überlasse es Ihm schließlich, dich durch den Tag zu leiten. Pflege diese Gewohnheit tagsüber in freudiger Abhängigkeit und im Gehorsam in der Erwartung, dass Er dich führt, erleuchtet, tadelt, belehrt, gebraucht und in dir und mit dir Seinen Willen ausführt. Rechne mit Seinem Wirken als mit einer Tatsache, auch ohne Visionen oder Gefühle. Lasst uns nur daran glauben und dem Heiligen Geist als Regent unseres Lebens gehorchen. Wir wollen die Last, uns selbst zu leiten, ablegen. Dann wird die Frucht des Geistes in uns wachsen, wie Er es zum Ruhme Gottes will.«

Frances Ridley Havergal bietet einen ähnlichen Rat an, wenn wir erst einmal unser Leben dem Herrn übergeben haben:

»Lasst uns fröhlich voran gehen im Glauben, dass Er unser Leben, unsere Hände, Füße, Stimmen, unseren Verstand und Willen, unsere ganze Person angenommen hat, damit alles einzig und allein immer für Ihn sei. Wir wollen es als eine segensreiche Tatsache ansehen: Nicht weil wir etwas gefühlt, gesagt oder getan haben, sondern weil wir wissen, dass Er uns hört und weil wir wissen, dass Er Seinem Wort treu ist.«

Das Leben wird nicht an jedem Tag sensationell sein, aber hingegebene Jünger werden einen Frieden und ein Gleichgewicht in ihrem Leben empfinden, so wie sie es nie zuvor gekannt hatten. Sie werden merken, dass die Zahnräder im Getriebe ihres Lebens ineinandergreifen. Von Zeit zu Zeit werden Dinge passieren, die nach den Gesetzen des Zufalls oder der Wahrscheinlichkeit nicht so ablaufen würden. Sie werden wissen, dass Gott sie benutzt und doch wird dieses Wissen keinen Stolz hervorrufen. Ob sie es wahrnehmen oder nicht, ihr Dienst hat den Glanz des Übernatürlichen und wenn sie ein anderes Leben berühren, ereignet sich etwas für Gott.

Nimm einmal an, du hast dein Leben dem Herrn übergeben und erneuerst jeden Tag dein Versprechen der Hingabe an Ihn. Wie erfährst du, ob Er mit dir eine wichtige Veränderung vorhat? Wie erkennst du, dass du dich in eine andere Richtung bewegen musst?

Um den Willen Gottes zu erfahren, ist es am allerwichtigsten, in enger Gemeinschaft mit Ihm zu leben. Du musst bereit sein zu hören. J. N. Darby sagte: »Das erste, den Willen Gottes zu erkennen, ist, mit der Seele richtig eingestimmt zu sein.« Das bedeutet, dass du alle dir bekannten Sünden, sobald du sie erkennst, bekennst und lässt. Du wirst jeden Tag Zeit im Gebet verbringen, das zeigt, dass du dich auf den Herrn mehr verlässt, als auf deine eigene Intelligenz. Und durch Lesen und Studieren der Bibel und Nachdenken darüber wirst du dich an den Punkt bringen, wo Gott zu dir reden kann.

Führung kommt nicht immer schnell. Der Herr lehrt uns den Segen, auf Ihn zu warten. »Der Glaube ruht auf der vertrauensvollen Sicherheit, dass Gott laut genug sprechen kann, um von seinem wartenden Kind gehört zu werden. Es ist unser Teil, ruhig abzuwarten, bis wir sicher sind« (C. I. Scofield).

Während du wartest, könnte es scheinen, dass nichts passiert, aber in Wirklichkeit arbeitet der Heilige Geist an deinem Verstand, an deinen Gefühlen und deinem Willen, damit, wenn der Ruf kommt, es auch wirklich das ist, was du tun möchtest. »Denn Gott ist es, der in euch wirkt sowohl das Wollen als auch das Wirken, nach seinem Wohlgefallen« (Eph. 2,13).

An dieser Stelle will ich einige Punkte herausstellen, die mir auf dem Gebiet göttlicher Führung hilfreich waren:

Wenn du Führung vom Herrn suchst und es kommt keine Führung, dann ist es Gottes Wille für dich, dort zu bleiben, wo du stehst. Oder sage es anders herum: »Dunkelheit zum Gehen ist Licht zum Bleiben.«

Widerstehe der Versuchung, selbst die Führung zu übernehmen: »Siehe, ihr alle, die ihr ein Feuer anzündet, mit Brandpfeilen euch rüstet: hinweg in die Glut eures Feuers und in die Brandpfeile, die ihr angesteckt habt! Solches geschieht euch von meiner Hand; in Herzeleid sollt ihr daliegen« (Jes. 50,11). Widerstehe auch der Versuchung, impulsiv zu handeln: »Seid nicht wie ein Roß, wie ein Maultier … mit Zaum und Zügel … musst du sie bändigen« (Ps. 32,9). Wenn du wirklich dem Herrn vertraust, brauchst du nicht hektisch zu sein: »Wer glaubt, wird nicht ängstlich eilen« (Jes. 28,16c).

Warte, bis die Führung so deutlich ist, dass eine Weigerung bewusster Ungehorsam wäre. Wenn du ernsthaft nach Gottes Willen fragst, wirst du ihn niemals verfehlen.

Während du wartest, tue den Dienst, der vor deinen Händen liegt. Ein Kapitän steuert sein Schiff, wenn es in Bewegung ist. Ein Fahrradfahrer lenkt sein Rad, wenn es rollt. So führt auch Gott die Seinen, wenn sie sich bewegen.

Wenn ich einer schwerwiegenden Wende meines Lebens gegenüberstehe, bitte ich den Herrn, seine Führung in zwei oder drei verschiedenen Möglichkeiten zu zeigen. Ich lege 5. Mose 19,15 zugrunde: »Auf zweier Zeugen Aussage oder auf dreier Zeugen Aussage soll eine Sache bestätigt werden.« Wenn ich nur einen Fingerzeig vom Herrn bekomme, könnte ich ihn falsch verstehen. Aber wenn ich zwei oder drei habe, ist die Führung unmissverständlich.

Oft geschieht es, wenn die göttliche Hand sich einem auf die Schulter legt, dass eine andere attraktive Möglichkeit auftaucht. Sie kommt wie ein Fluchtweg, ein Hintertürchen. Es kann ein satanisches Werkzeug sein, um dich vom Weg des völligen Gehorsams abzubringen. Du hast nach Gottes Willen gefragt. Er hat ihn dir gezeigt. Er hat dich vorbereitet und du wünscht es dir. Deshalb sind andere Wege keine dauerhafte Verlockung.

Unser ganzes Leben hindurch sollten wir offen sein für einen Richtungswechsel. Die Führung von gestern ist nicht notwendigerweise auch die Führung von heute. Erfreue dich an der Spannung von neuen Abenteuern mit Gott.

Die Frage, wie Gott Seinen Willen enthüllen wird, ist noch offen. Er hat hier unbegrenzte Möglichkeiten. Ich will nur einige davon nennen.

– Er führt durch Sein Wort. Als Allerersten gibt die Heilige Schrift einen allgemeinen Überblick über Seinen Willen. Aber Er spricht auch durch einen bestimmten Abschnitt in einer Art und Weise, die eine unmissverständliche Antwort auf Gebet ist. Andere mögen das nicht sehen, aber der Mensch, der Führung sucht, hört unmissverständlich Gottes Stimme. Eine 58-jährige Frau war eingeladen, in einem christlichen Waisenhaus in Alaska zu unterrichten. Wegen ihres Alters zögerte sie, anzunehmen. Aber eines Morgens sprach der Herr zu ihr durch Psalm 39,5: »… meine Lebensdauer ist wie nichts vor dir.« Sie packte und machte sich auf nach Alaska.
– Er spricht durch den Rat gottesfürchtiger Christen. Die Ältesten in der örtlichen Versammlung sollten befragt werden. Sie können das Dafür und Dagegen sehen, das dir entgangen ist.
– Er spricht durch andere. Manchmal zündet eine hingeworfene Bemerkung von jemandem, der gar nichts von deiner Seelenprüfung weiß, so, dass du weißt, hier spricht der Herr.
– Er spricht durch wunderbar zusammentreffende Umstände. Zum Beispiel ein genau zum richtigen

Zeitpunkt eintreffender Brief, der Monate vorher geschrieben wurde.

- Er spricht durch Hindernisse. Paulus und seinem Team wurde verboten, in Asien zu predigen. Später versuchten sie, nach Bithynien zu gehen, »aber der Geist Jesu erlaubte es ihnen nicht« (Apg. 16,6.7). Gott wollte Paulus in Troas haben, wo er die Erkenntnis bekommen sollte, nach Europa hinüberzusetzen.
- Er führt durch das Beispiel Christi. »Gott wird uns niemals einen Weg führen, der dem Charakter und der Lehre Christi widerspricht.« Er bittet uns nie irrational zu handeln.
- Er spricht durch das subjektive innere Zeugnis des Heiligen Geistes. Paulus sagt in Kolosser 3,15: »Und der Friede des Christus regiere in euren Herzen ...« Wenn wir in die richtige Richtung gehen und die richtige Wahl treffen, wird Friede in unseren Herzen sein. Wenn wir über eine gewisse Sache keinen Frieden haben, sollten wir uns fragen, ob dies Gottes Wille ist. Einer unserer großen christlichen Autoren, J. Oswald Sanders, schrieb: »Es ist töricht zu handeln, wenn die Friedenstaube das Herz verlassen hat.«

Ein letztes Gebot zur Vorsicht. Obwohl Gefühle eine Rolle spielen können, sollten wir keine Entscheidung treffen, die nur auf Gefühlen basiert. Gefühle müssen durch andere Faktoren bestätigt werden.

Auf geht's! Tu es!

Die Israeliten hatten davon gesprochen, David zum König zu machen. Ihre Absichten waren gut, aber sie führten sie nie aus. Schließlich unterredete Abner sich mit den Ältesten Israels und sagte: »Früher schon habt ihr David zum König über euch begehrt; so handelt nun« (2. Sam. 3,17.18a).

Das ist heute Gottes Wort für viele der Seinen. Du hast davon gesprochen, den Herrn Jesus als König in deinem Leben zu krönen. Du hast sogar gesungen: »Nimm mein Leben, Jesu, Dir übergeb' ich's für und für.« Du hast erwogen, als regierender Monarch zurückzutreten und Christus das Thronrecht zu übergeben. Auf geht's! Tu es!

Die Zeit ist reif. Die Entscheidung bestimmt dein Schicksal. Wir wissen, dass das bei der Erlösung zutrifft. Wenn wir den Erlöser durch einen entschiedenen Glaubensakt annehmen, ist unser ewiges Heil im Himmel sichergestellt. Aber es gibt mehr. Wenn wir uns entschließen, Seinen Willen bedingungslos für unser Leben anzunehmen, können wir eines irdischen Lebens sicher sein, das Seinem Plan für uns entspricht.

Wir haben gesehen, dass es eine Entscheidung mit zwei Komponenten ist. Zuerst kommt die Wende; dann folgt ein Prozess. Es ist ein entschiedener Anfang, der ein fortlaufendes Handeln zur Folge hat. Es gibt immer ein erstes Mal, wenn wir als Manager unseres Lebens zurücktreten und Ihm die Schlüsselgewalt übergeben. Aber danach muss es eine tägliche

Bestätigung dieser anfänglichen Entscheidung geben. Bedenke, dass die Entscheidung mit Sachverhalten von großer Tragweite gepaart ist. Sie bewahrt uns davor, unsere Zeit abseits vom Willen Gottes zuzubringen, Zeit einer Wanderung in geistlicher Wüste, Zeit, die für Gott nicht zählt. Sie bewahrt uns vor einer Existenz in einer Tretmühle, vor Weltlichem, vor Stumpfsinn und Nichtsnutzigkeit.

Andererseits sichert uns eine fortwährende Hingabe den Luxus zu, im Brennpunkt Seines Willens zu leben. Sie garantiert uns ein Leben, das in der die Ewigkeit zählt. Sie garantiert uns das bedeutungsvollste Leben, das sich Gott in Seiner Weisheit für uns vorstellen kann. Denk daran! »Er tut das Allerbeste für die, die Ihm die Wahl überlassen.«

Es bedeutet, dass am Ende der Pilgerfahrt der himmlische Architekt Seinen Plan für uns entfalten wird, unser Leben mit ihm vergleichen wird, Seine durchgrabene Hand uns auf die Schulter legen und sagen wird: »Es entspricht genau meinem Plan. Gut gemacht, mein guter und treuer Knecht.« Es gibt nichts besseres als dies.

Das Leben ist wie eine Münze. Wir können sie ausgeben, wie wir wollen. Aber wir können sie nur einmal ausgeben.

Unsere Absichten mögen richtig sein. Wir meinen es gut. Aber das genügt nicht. Wir sagen: »Eines Tages …« aber Gott sagt: »Heute!« Wir haben schon zu lange auf unsere Zweifel, Ängste, Entschuldigungen und Bedenken gehört. Lasst uns jetzt auf Gott hören.

Und dann wollen wir heute und jeden weiteren Tag diese vernünftige Antwort geben:

Eine so wunderbare und göttliche Liebe
Soll mein Herz, mein Leben,
mein ganzes Sein haben.

Auf geht's! Tu es!

Nur ein Leben[1]

Hab' nur ein Leben zum Opfern –
Jesus, mein König und Herr,
Nur eine Zunge zum Loben,
Dich und die Gnade an mir,
Hab' nur ein Herz, Dich zu lieben,
Heiland, o dass es so sei,
Dass ich mich ganz Deiner Ehre
Und Deiner Herrlichkeit weih'!

Nur diese Stunde gehört mir –
Lass mich sie nutzen für Dich,
Möge doch jede Minute lohnen
In Ewigkeit sich.
Seelen rings um mich her sterben,
Sterben in Sünde und Not,
Lass mich von Golgatha reden –
Von Deiner Rettung, mein Gott!
Hab' nur ein Leben zu opfern –
Dir Herr, gehört meine Seel',
Nichts soll von Dir mich abhalten –
Dein Wille sei mir Befehl!

Du, der einst willig gegeben
Leben und alles für mich,
Nimm nun mein Leben, mein alles,
Jede Sekunde für Dich! Avis B. Christiansen

Anmerkungen

Was er tat

[1] Andere Übersetzung »mit dem Blut seines eigenen«, d. h. mit dem Blut von Gottes eigenem Sohn. J.N. Darby gibt in seiner Neuen Übersetzung diese Bedeutung an.

Wer wir sind

[1] Entnommen aus U.S. News and World Report, 18. August 1997, S. 85.

[2] Dies ist eine Strophe aus dem Gedicht »My Hiding Place«, welches gewöhnlich John André, einem britischen Major in der amerikanischen Revolution zugeschrieben wird. Weil er mit Benedict Arnold zusammentraf, wurde er als Spion hingerichtet. In Tappan, New York steht ein Denkmal auf dem Platz, wo er hingerichtet wurde. Es weist als Tribut von General George Washington die Schrift auf: »Er war nicht kriminell, aber er hatte kein Glück. Ein gebildeter Mann und ein hervorragender Offizier.«

[3] Entnommen aus »The Ministry of a Transfigured Life« in Christianity Today, 14. Juli 1997, S. 56.

Was ist Hingabe?

[1] Die Frage ist berechtigt, ob jeder Gläubige sich dem Herrn vollständig übergeben hat. Sogar der Apostel Paulus musste zugeben, dass er es noch nicht ergriffen habe oder schon vollendet sei (Phil. 3,12). Wenn wir unsere Sünden, Fehler, Egoismus und zweifelhafte Motive bedenken, zögern wir zu behaupten, dass unsere Hingabe an den Herrn so ist, wie sie sein sollte. Aber das sollte uns nicht hindern, das Ideal anzustreben. Wenn wir es auch noch nicht erreicht haben, können wir doch aufs Ziel zulaufen. Wenn wir auch nicht als gegenwärtige Erfahrung singen können: »Alles übergeb' ich Jesus«, so können wir es doch als Herzenswunsch tun. Und obwohl wir niemals vollkommene Hingabe werden feststellen können, so können wir das Ausmaß erweitern, in welchem wir dem Herrn gehören.

Und es gab noch andere

[1] Unger's Bible Dictionary, Chicago: Moody Press, 1967,S. 603.

Hingabe im Neuen Testament

[1] James Stalker, The Life of St. Paul. New York: Fleming H. Revell Co., 1912, S. 15.

[2] Im gleichen Buch, S. 143-144.

Hingabe in der älteren Kirchengeschichte

[1] Kennedy, John W., The Torch of the Testimony. Beaumont, Texas: The Seed Sowers, 1965, S. 149.

Hingabe in der jüngeren Kirchengeschichte

[1] Thomas Herbert Darlow, Frances Ridley Havergal: A Saint of God. A New Memoir, London: Nisbet.

[2] Weitere Dokumentation nicht erhältlich.

[3] Elisabeth Elliot, Through Gates of Splendor. N.Y.: Harper & Bros., 1957, S. 18.

Kämpfe ums Gold!

[1] Steve Farrar, Finishing Strong. Sisters, Oregon: Multnomah Books, 1995, S. 6.

Hingabe kostet etwas

[1] Hyde, Douglas, Dedication and Leadership. Notre Dame, IN: University of Notre Dame Press, 1966, S. 32.

[2] The Harvester, März 1957, Seite 47.

Gründe für eine vollständige Auslieferung

[1] Hian, Chua Wee, I saw the Lord, The Cross and the Crown, (Ich sah den Herrn, das Kreuz und die Krone), Carlisle, England: OM Publishing, 1992, Seiten 134-135.

Oberflächliche Ziele

[1] Aus Christianity Today; November 1994, S. 6.

[2] Aus Decision, Dezember 1981, S. 12.

Wechsel der Karriere

[1] Aus einer Predigt »Gib dem Kaiser, was des Kaisers ist und Gott, was Gottes ist«, 28. April, 1929.

[2] Your Job: Survival or Satisfaction (Deine Aufgabe: Überleben oder Befriedigung)? Grand Rapids: Zondervan Publishing House, 1977, S. 99.

[3] Zitiert von Guy H. King »To My Son« (Für meinen Sohn), Fort Washington, PA: Christian Literature Crusade, 1958, S. 43-44.

[4] Ebenda.

[5] Dokumentation nicht erhältlich.

Auf geht's! Tu es!

[1] Copyright 1937 Singspiration Music/ASCAP. Alle Rechte vorbehalten. Verwendet mit Erlaubnis der Benson Music Group, Inc.)

CLV

William MacDonald

Der vergessene Befehl

Seid heilig!

Taschenbuch

256 Seiten
DM 8.80
ISBN 3-89397-195-5

Gottes Marschbefehl lautet »Seid heilig« – d.h. passend für Ihn und echte Zeugen Christi in dieser Welt. In dieser Welt sollen Christen Nachahmer und Darsteller Jesu, lebendige Briefe Christi sein. Ist diese Forderung nur eine Utopie? William MacDonald nimmt sich dieser brennenden Frage an, indem er nachweist, dass die Forderungen Gottes nach einem geheiligten Leben seiner Kinder nicht an der Realität scheitern muss.

25 Jahre nach »Wahre Jüngerschaft« hat MacDonald erneut ein aufrüttelndes Buch geschrieben, das sich nicht scheut, bis in die verschwiegendsten Winkel unseres Alltags hineinzuleuchten und gleichzeitig Wege zur Heilung aufzuzeigen.